改變，

可以讓人生更上層樓！

Change Can Take Your Life
Into The Next Level !

Spencer Johnson, M.D.

史賓賽·強森博士

誰搬走了我的乳酪？

Who Moved My Cheese?

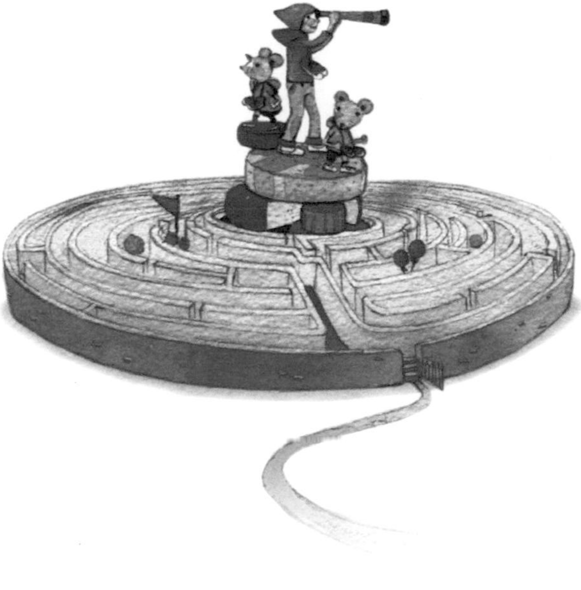

謝佳真——譯

25位各界名人一致誠意推薦！

小　野——媒體人．作家
平　珩——國立臺北藝術大學舞蹈學院院長
李欣頻——作家
李偉文——作家
周俊吉——信義企業集團董事長
周慧婷——城邦文藝基金會執行長
林由敏——中華人事主管協會執行長
林新發——國立臺北教育大學校長
林麗華——臺北市立景美女中校長
洪　蘭——國立中央大學認知神經科學所所長
孫　越——終身義工
郝廣才——格林文化發行人
陳建育——金革唱片創辦人
陳藹玲——富邦文教基金會董事
陶傳正——奇哥股份有限公司董事長
彭培業——台灣房屋首席總經理
曾志朗——中央研究院院士
游乾桂——作家
黑幼龍——卡內基訓練負責人
廖輝英——作家
趙少康——中國廣播公司董事長
劉欽旭——全國教師工會總聯合會理事長
劉增祥——西雅圖極品咖啡總經理
盧蘇偉——世紀領袖文教基金會創辦人
戴勝益——王品集團董事長

・依姓名筆劃序排列

一本很有警世味道的小書

國立中央大學認知神經科學所所長／洪蘭

我剛回台灣時，那時社會流行兩個口號「處變不驚」以及「以不變應萬變」。「處變不驚」我很贊同，人一慌，方寸就失，心慌意亂就成事不足敗事有餘了。但是我對「以不變應萬變」很不以為然，外面在改變，我們怎麼可能不跟著改變呢？若不變，我們就會被世界潮流所淘汰，就好像漲潮時，你不往上跑，還站在原處，過一會兒海水漲起就把你淹沒了。果然，後來政府採取鎖國政策，以不變應萬變，不論外面改變到怎麼樣，自己關起門來做皇帝，在島內自我感覺良好，等出了國，才發現外面已是個不同的世界了。那八年，把我們過去儲存的老本幾乎吃光，所以每次看到有人高喊不變應萬變時，我就很緊張，因為那是逃避現實、自欺欺人的做法。

那麼，我們該怎麼去教育學生勇敢地面對現實呢？很高興平安出版社最近把《誰搬走了我的乳酪？》重新出版了。這本書看似為小朋友寫的故事，其實是對大人的當頭棒喝。相信每個人都能在故事的四個主人翁身上看到熟悉朋友的影子。

我曾經坐過一個很不一樣的計程車司機的車，他告訴我，早在高鐵通車之前，他就看到了計程車的危機，所以他早早開始應變，先熟讀各個觀光景點的歷史文物故事，等觀光客下了高鐵，他就帶客人去觀光並吃道地的當地菜，做私人導遊。因為他衣著整齊、彬彬有禮、口若懸河，而且不坑客人，所以他很快就打響名聲，現在他已有車隊，不論在高鐵的哪一站下車，他都有當地的加盟者可以做導遊。他說高鐵尚未通車時，他一直鼓勵同行去進修、考執照，但是都沒有人聽他的，後來生意一落千丈了，才有人願意加盟。

這位司機就像書中的嗅嗅，早早就嗅出苗頭不對，於是馬上採取行動。但是也有很多人像書中的哼哼，抵死不改，只會大聲呼喊「不公平」，不停地抱怨。像哼哼這種人最後只好被世界所淘汰，誰也救不了他。

書最後的「牆上標語」很有意思，每一句都是人生的警句，世界變化的確是無常的，人要一直保持警覺，stay alert，才能馬上作出因應措施。只有改變自己，跟著乳酪跑，才會永遠有乳酪吃。

作者說得對，世界上的財富的確是搬來搬去的，台灣俗語「人兩腳、錢四腳」，一不小心，財富就無影無蹤了。最近過世的蘋果總裁賈伯斯說，他從不做市場調查，因為他跑在時代的前面，他不是做出消費者要的東西，而是他告訴消費者，你要什麼，他比市場上其他競爭者快了半步，這半步就使他蘋果的股票居高不下，他像書中的嗅嗅一樣，永遠站在風頭，知道風的走向。

這是一本很有警世味道的小書，讀起來很輕鬆，但是意義深遠。

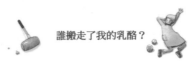

變化將帶來全新的視野

中華人事主管協會執行長／**林由敏**

當我們在「舒適圈」裡，總是忘了生命中最想得到的東西是什麼。因為習慣造成的麻木，使我們漸漸喪失了面對變化的勇氣，而當光陰荏苒，再回顧時，往往徒留無法重來的遺憾！

十年前即讀到這個佔領紐約《時代》雜誌排行榜的暢銷著作，每逢面臨變化關口猶豫不決時，總是由故事中得到不同的啟發。能夠擺脫恐懼才有可能邁出步伐，能夠心態歸零才有可能展開新生，當我們欣然地面對變化，就能在未知的冒險中，找到前所未有的全新視野，在人生或工作上，便有機會發現令人心曠神怡的美麗風景！

此次史賓賽．強森博士的經典寓言故事重新發行出版，相信必能協助在目前劇變環境下努力的您，帶著探索自我及面對未知的充足能量，走出一次次的人生迷惘，找到生命中最想要也最重要的那塊「乳酪」！

少一點哼哼，多一些哈哈

金革唱片創辦人／陳建育

閱讀《誰搬走了我的乳酪？》，欲罷不能，感觸良多。想起《贏在不可能》剛出版的時候，在一次和友人的餐會裡，一個廣告界的朋友說，等他退休，他也要寫一本《笨在不可能》！描述他在經營公司的過程，看到很多固執的大客戶，做了很多笨事，把好好的江山斷送。我們在座的，除了爆笑，都覺得一定會大賣，一定會是有趣好讀，又讓人收穫滿滿！

打從我當了老闆，我就不停地鼓勵每個剛出社會年輕人，要大膽地走出去，為自己的人生寫故事。但路途坎坷，談何容易？所以人生就是要不斷地學習，也需要不斷地被提醒，讓自己有更大的本事面對環境的變化，縱使你自認為已經厲害無比，也一樣需要，少一點哼哼，多一些哈哈！

談到學習就會想到學校的課業，聽起來多麼嚴肅，多麼無趣，也多麼無力！《誰搬走了我的乳酪？》完全不是那回事，它讓你自然進入，快樂領悟，那是一種能夠讓你不斷驚喜，又能感覺豐富的快樂學習。

建議大家享受這個閱讀，先感受後行動，先想到自己勇猛努力的樣子，快快穿起自己的跑步鞋，挑戰那一次又一次的挫敗，享受那一次又一次的勇往直前，大膽嘗試新的方法，找尋更新鮮的乳酪！也享用更加新鮮、可口的乳酪！

面對變局，及時應變

富邦文教基金會董事／**陳藹玲**

這本書像《伊索寓言》一般，用最淺顯的故事，述說重要的道理。這書傳達的道理人人都能懂、人人都有用，就是——「世事多變，面對變局，最好的方法就是及時應變。」道理雖然容易理解，但變局發生在自己身上時，少有人可以真正採取行動啊！

對於忘性堅強的人們來說，提醒尤其重要。代表中國人智慧最重要的經典《易經》說，唯一不變的，就是變。所以應變的智慧尤其重要。山不轉路轉，路不轉人轉，而轉的，就是人的心態！

知道是一回事，做到又是另一回事。祝福所有領略書中真理的讀者，不只可以坐而言，更可以起而行！

新乳酪比舊的更好吃

奇哥股份有限公司董事長／陶傳正

哈！哈！我喜歡吃乳酪，尤其是Camembert，因為它軟軟的，而且有一股我早已熟悉的味道。每次吃西餐到最後上乳酪時，我都會狠狠地切它一塊，就著紅酒細細品嘗。可是，不是每一次都能如願。沒有Camembert時，我也不會放棄其他的乳酪，甚至每一種都來上一小片。目的並不是一定要吃它，而是記住它們的味道，以便下一次碰到沒有Camembert時，我還可以有其他的選擇。

哈！哈！人生不是每一餐都是有乳酪的，但是可以吃的東西還有很多，只要你耐心地去找。如果這個迷宮已確定沒了，那就換另一個迷宮找吧！如果找不到你喜歡的乳酪，可以吃其他口味的，吃個幾次也就習慣了。甚至可能你會發現新找到的乳酪比舊的要更好吃。如果不幸真的找不到任何種類的乳酪，那就開始吃麵包吧！因為麵包也很好吃！

哈！哈！我想我是哈哈。

幽默自在地面對變局

台灣房屋首席總經理／彭培業

在這瞬息萬變的時代，每個人都汲汲營營地在尋找「乳酪」，特別是房仲業更是如此。一位優秀的業務員不僅對市場要具備敏銳度，更要有憂患意識，當事情出現轉折更要用智慧去順應變局，臨危不亂。

本書已暢銷多年，個人特別欣賞書中許多用「乳酪」來比喻的標語，讓這本書不只是有趣的寓言故事，也如醍醐灌頂般給予讀者適時的提點。如「及早留意小異動，可以幫助你順應即將降臨的大變化」，一語道中當今的經濟局勢；「當你明白你可以尋獲並享用新乳酪，你便會改變方向」，就不會讓自己禁錮於僵局中，甚至可以逆向思考，讓找目標時有方向，達成時不原地停留而失去競爭力。

提早做好《誰搬走了我的乳酪？》的準備，幽默自在地面對變局，才有下一塊乳酪會更好的新希望。

引發更多觀念激盪的好書

全國教師工會總聯合會理事長／劉欽旭

各自解讀的故事是最好的教學媒材，史賓賽・強森博士的《誰搬走了我的乳酪？》一書正是這樣的媒材。

教育的開展貴在多元，不過多元也需要內、外部持續的價值澄清，親師是最好的參與者、引導者，甚至同儕討論中的觀念激盪都是多元價值建立的必要過程，而這需要話題性，史賓賽・強森博士的《誰搬走了我的乳酪？》具有高度話題性，正是可以引發更多有意義觀念激盪的好書。

最重要的是《誰搬走了我的乳酪？》這個故事淺顯易讀，對不同年齡層的人來說，都具有高度的閱讀性，對中、小學或大學老師來說，除了是很好的教學故事，更可以輕易地加以改編，做出更多的閱讀指導。

沒有人搬得走你的乳酪

世紀領袖文教基金會創辦人／**盧蘇偉**

這本書影響我非常深遠，年輕的我從這本書得到了生命的方向。我的努力究竟要得到什麼呢？我追求身分、地位和財富！最後從書裡的寓言故事中，我問自己：在生命中，我真正想要的是什麼？我像剖洋蔥般地一層一層追問自己，才明白自己要的真的很有限，我深層的核心，除了愛，其他已經不再重要。我了解到自己人生的方向，要做一個愛與希望的天使，要把愛和希望的種子散播到全世界！

我也才明白沒有人搬走我的乳酪，乳酪一直都沒有失去，關鍵是我們知不知道自己真正要的是什麼？沒有人搬走我的乳酪，我的父親生前常對我說：「事情沒有好壞！當你面對陽光，你就看見希望，當你正向積極地思考，你就會看見上帝給你的恩典和禮物！」我的乳酪不曾失去，只是我不知珍惜和感恩，眼前的處境，有著上帝最好的安排！

這本好書，一定會讓你看見你一直都擁有的乳酪！

國際企業及媒體盛讚！

偶爾會出現一本敞開未來門扉的書。《誰搬走了我的乳酪？》就替我打開了一道門。

——彼得·杜拉克管理研究所董事／**大衛·赫南**

我一看完書，馬上多訂幾本和同事分享，因為我們的工作變化不斷，小至變更工作小組，大至開發新市場，都用得上這本書。

——惠而浦公司績效分析師／**瓊安·班克斯**

我分贈《誰搬走了我的乳酪？》給同事和朋友，因為史賓賽·強森博士以獨到的見解和敘事方式寫成了難得的佳作，不論誰想在瞬息萬變的時代裡成功，都可快速吸收書中的道理。

——美林國際前任副總裁／**藍迪·哈里斯**

當我們處理各自碰上的變動局面時，這本書就像一張簡單易懂的地圖。

——伊士曼・柯達資深副總裁／**麥可・莫理**

若個人或組織願意實踐書中的道理，他們將從這本好書中受惠良多。

——全錄公司資深副總裁／**約翰・A・洛皮安諾**

強森博士以引人入勝的意象和文字闡述經營變局的哲學，立論穩健，雋永難忘。

——羅徹斯特理工學院院長／**亞伯特・J・西蒙**

我可以想見自己坐在家庭娛樂室裡，在爐火前面為兒孫們唸這個精采的故事，而且他們會懂故事裡的道理。

——美國帕特森空軍基地航空科學中心／**韋恩・瓦歇爾中校**

從德國到印度，每個人都想知道《誰搬走了我的乳酪？》。

——**基督教科學箴言報**

《誰搬走了我的乳酪？》狂潮！

史賓賽・強森博士編出《誰搬走了我的乳酪？》的故事，以砥礪自己應付當時生活中的棘手變化。故事闡述了怎樣嚴肅地面對變動，但倒是不必用嚴肅的眼光看待自己。

後來朋友們看到他的生活改善很多，問他怎麼回事，他便說出了「乳酪」的故事。直到多年後，仍然有人說自從受到故事的啟迪，就比較懂得用幽默感迎接轉變，生活因而更美滿。強森博士的《一分鐘經理人》共筆作者肯・布蘭查，鼓勵他把多年前的故事寫成書，和普羅大眾分享。

於是，書在故事創作二十年後問世，不久便登上暢銷排行榜第一名，出版十六個月便印行一百萬冊精裝本，隨後五年更打破兩千一百萬冊的佳績。二〇〇五年，《誰搬走了我的乳酪？》雄霸亞馬遜網路書店的單行本暢銷書總榜冠軍。

讀者說他們運用閱讀後的心得，改善了事業、企業、健康和婚姻。乳酪的故事走進了家家戶戶、工商企業、學校、教堂、軍方、運動團隊，並且譯成各種語言，銷往世界各地。故事的魅力是普世的。

儘管如此，評論者仍不明白為何有那麼多人把這本書當成寶。他們說故事淺白到小朋友也能懂，只是些人盡皆知的常識罷了，侮辱了他們的智慧。他們一無所獲。有些評論者甚至憂心書中暗示改變一律有益無害、應該盲目接受別人施加的無謂改變，可是故事裡沒這樣說。

作者認為，書迷和評論者的說法各有「道理」。《誰搬走了我的乳酪？》的價值不是來自故事的內容，而在於你如何解讀故事以及實踐你的心得。

希望你對《誰搬走了我的乳酪？》的解讀與在生活中實踐的方式，有助於你早日尋獲你應得的「乳酪」，然後好好享用。

鼠與人的計畫
無論再怎麼細密周全
往往仍有偏差

——羅伯特·朋斯——
（一七五九—一七九六）

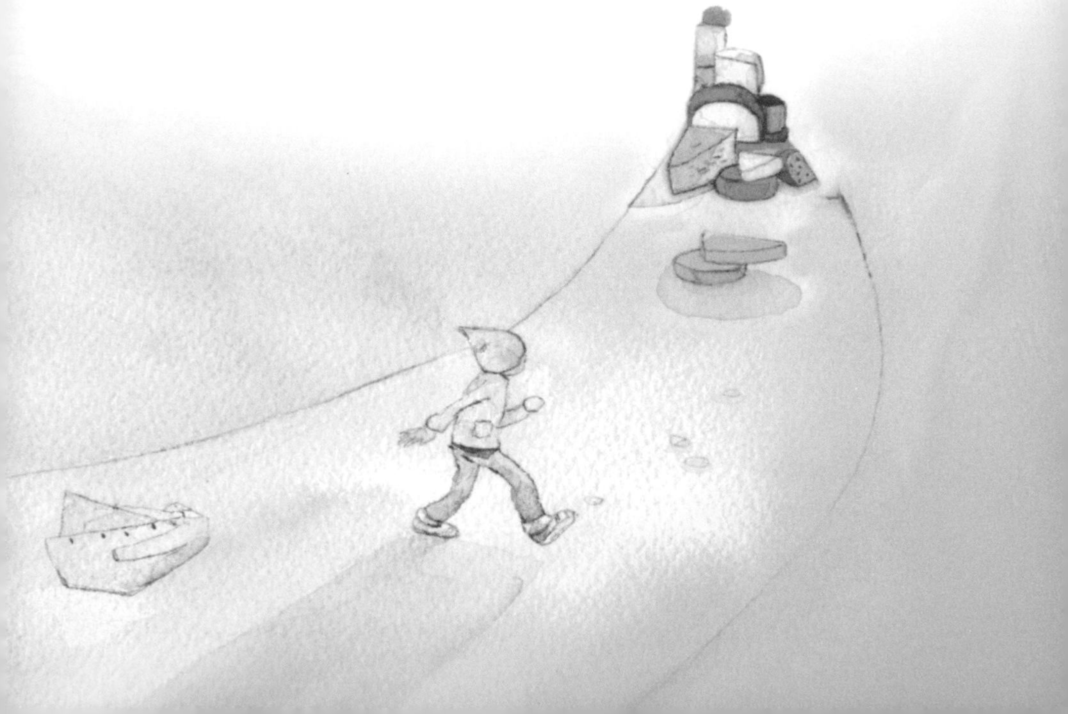

人生絕對不是平直好走的大道
可以讓我們暢行無阻，
而是一座錯綜複雜的迷宮，
我們必須摸索方向，
迷失困頓，不時
走進死巷。

但如果保持信心，必然會有
一扇門為我們開啓，
那一扇門
可能完全超乎我們的想像，
但終將會是一扇
對我們有利的門。

——A. J. 克羅寧——

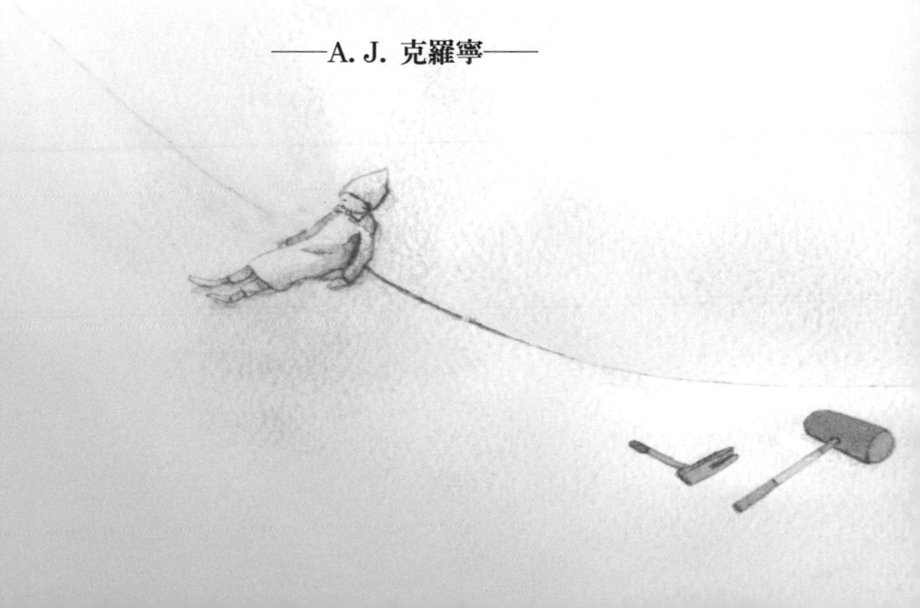

目　錄

你我內心的一部分
——單純與複雜

故事中描繪了四個假想的角色——
小老鼠「嗅嗅」和「快快」，
以及小小人「哼哼」和「哈哈」，
他們代表你我內心的單純面和複雜面，
不分男女老少、種族和國籍。

有時我們的行為就像**嗅嗅**，早早就嗅出苗頭不對，
或像**快快**，懂得快快採取行動，
或像**哼哼**，否決改變、抗拒改變，

擔心一旦改變做法，情況會變糟，
或像**哈哈**，及時學會順應局勢，
了解未來說不定會變好！

不管選擇採用哪一種人格面對轉變，
我們都有一個共通點：
需要在迷宮中找到出路，
在變局裡成功。

故事背後的故事

《一分鐘經理人》共筆作者／肯・布蘭查博士

真高興和大家聊《誰搬走了我的乳酪？》的幕後故事，因為這表示故事現在寫成了書，誰都可以閱讀、欣賞，並且和其他人分享。

自從第一次聽到史賓賽・強森博士說發人深省的「乳酪」故事，我就希望他寫成書。那已是陳年往事了，我們都還沒有一起寫《一分鐘經理人》呢！

記得我那時候想：好棒的故事，我會受用一輩子。

《誰搬走了我的乳酪？》講的是一座迷宮中發生了變動，而四位可愛的角色必須出發尋找「乳酪」。「乳酪」象徵我們在生活中追求的事物，也許是工作、情感、財富、豪宅、自由、健康、讚譽、心靈祥和，甚至是慢跑或高爾夫之類的活動。

每個人心目中的乳酪都不一樣。我們追求乳酪，是因為相信乳酪可以帶來快樂。如果哪天乳酪到手了，我們往往會難以割捨。萬一哪天乳酪沒了，或是被搬走，我們可能大受打擊。

故事中的「迷宮」，代表你投注時間追求夢想的地方，可能是你上班的公司、居住的社區或生活中的種種人際關係。

我在世界各地講述各位即將看到的乳酪故事。講完後常有人告訴我，這個故事讓他們改頭換面了。

信不信由你，他們將事業、婚姻、人生的改善，歸功到這則小故事！

在許多真人實例中，有一位是備受敬重的NBC電視台主持人查理．瓊斯。他說《誰搬走了我的乳酪？》挽救了他的事業。電視主持人是相當特別的工作，但任誰都可以套用他從故事裡學到的道理。

且讓我們細說從頭。查理孜孜矻矻，播報奧運田徑類比賽的表現卓越，因此當老闆通知他，新一屆奧運的田徑項目將不由他播報，請他負責游泳和跳水項目時，他既驚訝又沮喪。

游泳和跳水都不是他熟悉的運動，他灰心喪志，覺得公司不重視他，氣憤不已。他說，他覺得不公平！怒火延燒到他所做的每一件事。

然後，他聽到《誰搬走了我的乳酪？》的故事。

據他說，他聽完後不禁笑起自己，換了態度。他意識到老闆剛剛「搬走了他的乳酪」，所以他順應變局，認真鑽研兩項陌生的運動。在學習的過程中，他察覺嘗試新鮮事居然讓他覺得變年輕了。

沒多久，老闆注意到他嶄新的工作態度和活力，肥差很快便開始落到他頭上。他的成就更勝以往，後來榮登職業美式足球名人堂，列在播報員類。

不光是他，我還聽過許多真人實例，他們的故事一再展現乳酪故事對人生的影響力，不但可以提升事業，也可以用在經營感情。

我對《誰搬走了我的乳酪？》信心十足，甚至等不及正式出書，便發出試讀本給我們公司的同仁（超過兩百人）。為什麼？

因為任何冀望在未來生存並且保持競爭力的工商企業，做法必須與時俱進，我們肯．布蘭查集團也一樣。我們的「乳酪」不斷被移走。以往，我們要的可能是忠心耿耿的員工，如今我們需要的人才必須懂得變通，不執著「我們從以前就是這樣做的」。

儘管如此，大家都知道職場和人生說變就變，要是沒有一套輔助大家理解變局的觀點，活在這種驚濤駭浪裡的壓力將會非常沉重。這正是乳酪故事派上用場的地方。

每當我跟人提起乳酪的故事，然後對方看了書，簡直可以感受到他們開始釋放掉的負面能量。一個人又一個人，特地從各個部門跑來謝謝我給了他們這本書，說他們獲益匪淺，學會改用不同的眼光看待公司經歷的轉變。相信我，這則寓言很簡短，三兩下就能看完，但影響力卻可以很深遠。

請各位繼續往下看，你會看到書裡分為三個部分。第一部分〈聚會〉是一群昔日的同窗參加了一場同學會，聊起處理人生變局的點點滴滴。第二部分〈誰搬走了我的乳酪：故事〉是本書的核心。

在〈故事〉中，你會看到局勢生變的時候，兩隻老鼠以簡馭繁，表現優異，兩個小小人複雜的腦子和人性的情緒反而誤了事。倒不是說老鼠比人聰明，我們都知道人類的智慧凌駕老鼠。

可是，當你看著四個角色的一舉一動，體悟到老鼠和小小人都是我們心性的一部分，我們有單純的一面，也有複雜之處，你便會明白在變動的局勢中，還是以簡馭繁最有利。

在第三部分〈討論〉中，大家討論〈故事〉對自己的意義，以及準備怎樣套用到工作及生活中。

有些試讀本的讀者覺得看到〈故事〉就可以打住了，用不著往後看，寧願自行解讀故事的寓意。其他讀者則喜歡故事之後的〈討論〉，覺得可以腦力激盪，幫助他們思考如何將書內的道理落實在生活中。

每個人都清楚並非所有的改變都是好事，有些改變根本多此一舉。可是在瞬息萬變的世界中，學會怎樣順應時勢、悠遊於美好之中，終歸對我們有利。

無論如何，希望讀者每次重看《誰搬走了我的乳酪？》，都可以和我一樣，從簡扼的故事中得到有用的新收穫，對駕馭變局更得心應手。不論你怎樣界定成功的意義，都希望你馬到成功。

希望各位喜歡自己在書中的發現，祝福各位。記住：跟著乳酪跑！

肯・布蘭查

寫於加州聖地牙哥

在芝加哥
的聚會

A Gathering
Chicago

在芝加哥一個晴朗的星期天，幾個老同學一起吃午飯。他們是學生時代的好朋友，前一晚才參加了高中的同學會，意猶未盡，今天又見面聊彼此的近況。他們笑鬧不斷，享用大餐，然後談起一個有趣的話題。

以前在班上人緣數一數二的安琪拉說：「人生跟我們唸書時想的差好多，變化好大。」

「就是說啊！」納森附和她。大家知道納森一直在家族企業工作。從大家有記憶以來，納森家的家族企業就是地方的一部分，經營策略始終沒什麼變化。因此，同學們很訝異他居然露出憂慮的神色發問：「你們有沒有注意到，遇到變化的時候，我們並不想改變？」

卡洛斯說：「我們抗拒改變，大概是因為會害怕吧！」

「卡洛斯，虧你還當過足球隊的隊長。打死我也想不到你會有害怕的時候！」潔西卡說。

他們都笑了，察覺儘管大家各有各的發展，有人在家工作，有人掌管公司，但心路歷程卻大同小異。

每個人最近幾年都在應付始料未及的變故。大部分的人都承認，自己不知道駕馭變局的好方法。

然後麥可說：「以前我也很怕改變。我們那一行曾經發生重大變革，我們不知所措，沒有順應新潮流，公司差一點點完蛋呢！

「幸好，」他繼續說：「我聽說了一個有趣的小故事，讓我們公司起死回生。」

「怎麼說？」納森問。

「噢，這個故事改變了我對於變化的看法。我不再認為變化帶走了原有的東西，反而看成是我得到新事物的機會。故事也教我怎麼做。之後，我在事業和生活中很快就扭轉了頹勢。

「一開始，故事簡單明瞭到讓我很生氣，因為感覺學校八成教過我們一樣的東西。

「後來我豁然開朗，其實我氣的是道理那麼淺顯，我卻沒看出來，以致沒有採取正確的應變方法。

「我發現故事裡的四個角色代表了我的不同面向，於是我決定效法其中一個角色，改變做法。

「後來，我跟公司裡的一些人講了故事，他們又轉告別人，沒多久，大部分的同事就比較懂得應變之道，公司的情況也大有起色了。跟我一樣，很多人說他們的個人生活也從中受惠。

「但也有幾個人說一無所獲。有的人原本就懂得那些道理而且身體力行，但大部分的人則不然，他們自認無所不知，所以不願意學習。他們不懂哪來那麼多獲益匪淺的人。

「我們有個很難適應新情況的資深主管，他說這故事浪費他的時間，別人就開他玩笑，說他們知道他是故事裡的哪個角色。他們是指他是學不到教訓、也不肯改變的人。」

「到底是什麼故事呢？」安琪拉問。

「故事叫〈誰搬走了我的乳酪？〉。」

眾人爆出笑聲。卡洛斯說：「光聽名字我就喜歡，說來聽聽好嗎？也許**我們**會有收穫。」

麥可回答：「沒問題，我很樂意——故事並不長。」於是，他開始講了：

～故事～

誰搬走了
我的乳酪？

Who Moved
My Cheese?
The Story

從前從前，在一片遙遠的土地上住了四個小小的角色，他們在一座迷宮裡跑來跑去，尋找乳酪來滋養自己，找到了就很開心。

有兩個角色是小老鼠，叫「嗅嗅」和「快快」。另外兩個角色是小小人，他們小得像老鼠，可是長相和舉止很像現在的人類，他們的名字是「哼哼」和「哈哈」。

因為他們太小了，要注意到他們四個在幹嘛可不容易。但是如果你看得夠仔細，就會發現最神奇的事！

每一天，老鼠和小小人都在迷宮裡尋找各自偏愛的乳酪。

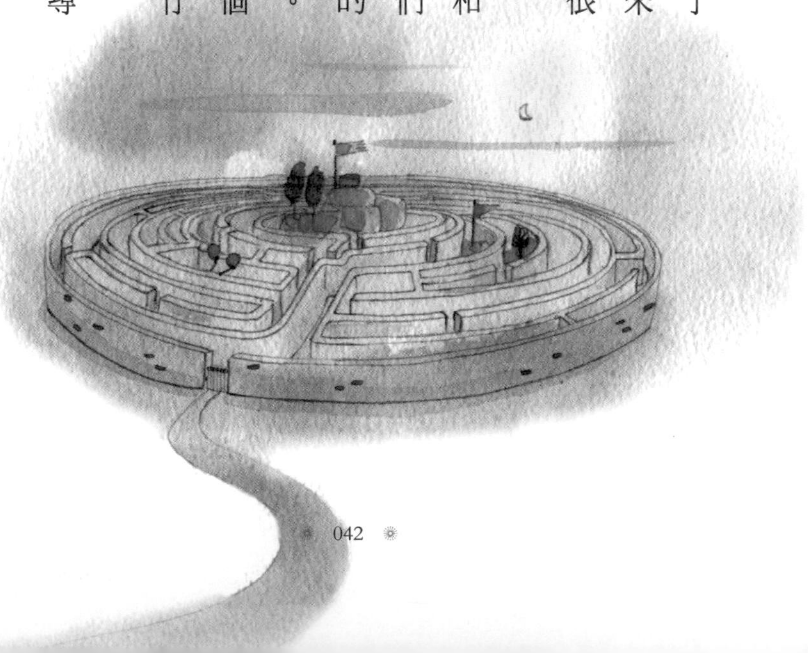

小老鼠和小小人，
對乳酪的要求和想像不一樣，
尋找乳酪的方法也大不相同。

嗅嗅鼠和快快鼠的頭腦簡單，直覺發達。牠們尋找自己喜愛的堅硬、耐啃乳酪，這是大部分老鼠所喜歡的口味。

小小人哼哼和哈哈的頭腦複雜，腦子裡塞滿了許多信念和情緒。他們用這顆腦袋尋找一種很特別的乳酪，要上面有大寫C的才行。他們相信，這種乳酪最能帶來快樂和成功的感覺。

儘管老鼠和小小人截然不同，卻有個共通點：每天早晨，他們都會穿上慢跑服和跑鞋，離開小小的家，衝到迷宮裡尋覓各自喜愛的乳酪。

迷宮是由許多走廊和房間構成的迷魂陣，有些房間裡有美味的乳酪，但迷宮中也有黑暗的角落跟哪兒都去不了的死巷子。誰都很容易在迷宮裡迷失方向。

可是，只要找得到路，迷宮裡倒是有讓他們享受優渥生活的秘密法門。

老鼠嗅嗅和快快尋找乳酪的辦法很簡單，就是不斷摸索、嘗試。牠們會跑另一條走廊，假如沒有乳酪，就掉頭再換一條走廊。牠們記下了沒有乳酪的走廊，很快便探索起迷宮裡的其他區塊。

嗅嗅的鼻子最靈光，牠會嗅出乳酪的大致方位。快快則是一馬當先往前衝。想也知道，牠們會迷路、走錯方向，甚至常常撞上牆壁，可是摸索一番後，仍然可以脫困。

小小人哼哼和哈哈就像老鼠一樣，懂得運用思考能力，也會記取往日的經驗。他們仰賴複雜的大腦，構思尋找乳酪的精巧方法。

有時候他們收穫豐富，可是有時候，強大的人類信念和情緒會蒙蔽他們，使他們看不清實際的情況，令他們在迷宮裡的日子更難捱。

儘管如此，嗅嗅、快快、哼哼、哈哈都以各自的方式，尋獲了他們所追尋的乳酪。有一天，他們全在其中一條走廊盡頭的C號乳酪站，找到了自己心愛的乳酪。

之後每天早上，老鼠和小小人都穿戴上跑步的行頭，前往C號乳酪站。不久，他們都建立起了自己的習慣。

嗅嗅和快快依然每天一大清早就起床，飛奔穿過迷宮，總是走同一條路線。

牠們到了以後就脫下跑鞋，將鞋帶繫在一起，把跑鞋掛在脖子上。如此一來，假如又需要跑鞋，很快就能穿上去。然後，牠們便享用乳酪。

一開始，哼哼和哈哈也每天早上飛奔到C號乳酪站，大啖等著他們的鮮美乳酪。

可是一陣子以後，小小人養成了另一套慣例。

哼哼和哈哈每天起床的時間都晚了一點點，換衣服的速度也變慢了一點點，然後走路到C號乳酪站。畢竟，他們清楚現在乳酪在哪裡，也知道路怎麼走。

找到了乳酪的小小人生活在安逸中，
小老鼠在快樂享受之餘，則仍不忘保持警覺。

他們壓根兒不曉得乳酪哪來的，也不知道是誰放在那裡的。他們只是假定乳酪會在那裡。

哼哼和哈哈每天早晨一到達C號乳酪站，就舒舒服服地窩在那兒。他們掛起慢跑服，收好跑鞋，換上拖鞋。現在他們有了乳酪，生活悠哉遊哉。

「太棒了。」哼哼說：「乳酪夠我們吃一輩子。」小小人覺得快樂又成功，以為後半輩子都可以享福了。

沒過多久，哼哼和哈哈便將他們在C號乳酪站找到的乳酪，當成是他們的專利。那裡的乳酪供應豐沛，他們最後索性搬家到那附近，生活以乳酪為中心。

為了讓新家更舒服，哼哼和哈哈用標語裝飾牆壁，甚至在標語文字周圍畫上會使他們微笑的乳酪圖樣。有一條是這樣的：

有乳酪，就有快樂。

Having Cheese
Makes You Happy.

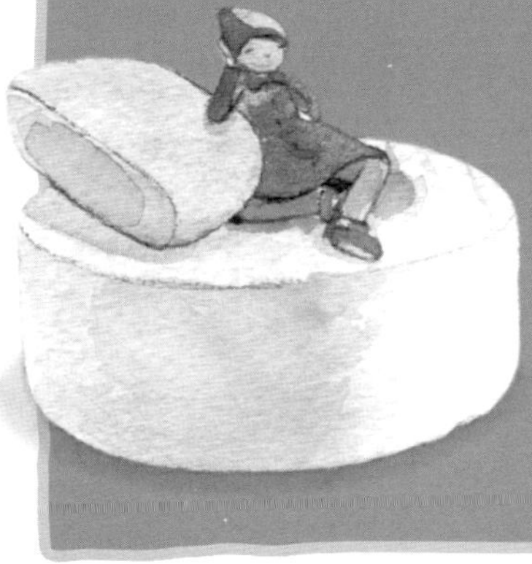

有時候，哼哼和哈哈會帶朋友去C號乳酪站參觀，得意地指著乳酪堆說：「很棒的乳酪，對吧？」有時候，他們會和朋友分享乳酪，有時候不會。

哼哼說：「這是我們應得的乳酪。我們費盡千辛萬苦才得到了這些乳酪。」他拿起一塊新鮮的高級乳酪大嚼。

之後，哼哼會呼呼大睡。他常常在睡覺。

每一夜，小小人會搖搖擺擺地走回家，裝了滿肚子的乳酪，每天早上再充滿信心地回去吃乳酪。

他們就這樣過了很久。

一段時間後，哼哼和哈哈的信心水漲船高，開始對成功傲慢。不久，他們就過得太安逸，甚至沒注意到眼前的變化。

想想看

你所追求的心愛「乳酪」是什麼？
尋找乳酪的「迷宮」又在哪裡？
你可以用什麼方法來找到乳酪？
找到了之後，又該怎麼做呢？

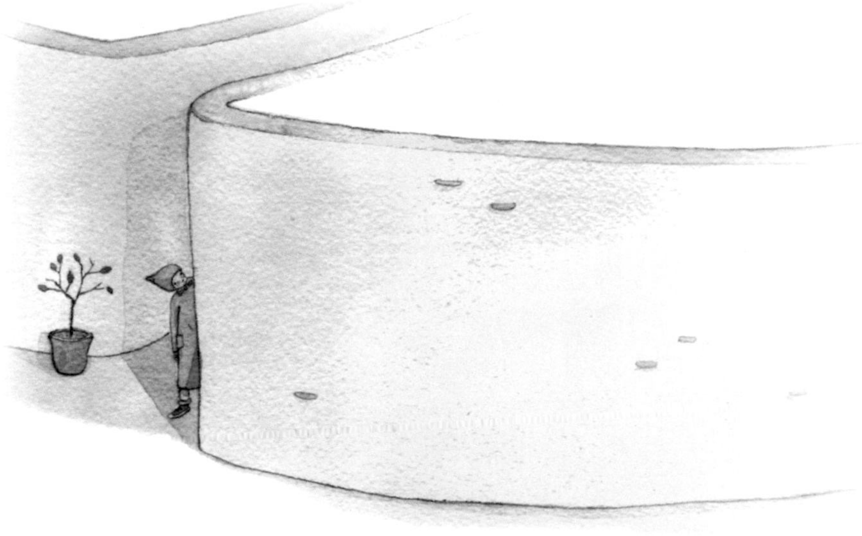

日升日落，嗅嗅和快快的日子仍舊是老樣子。牠們每天一大清早到C號乳酪站，東嗅西嗅、摳摳刮刮、跑來跑去，確認一切狀況依然和前一天相同，然後才坐下來，啃嚙起乳酪。

一天早晨牠們來到C號乳酪站，發現乳酪沒了。

牠們並不訝異。嗅嗅和快快老早就發現乳酪的供應量一天比一天少，知道終將會完全消失，憑著直覺就知道該怎麼辦。

牠們互看一眼，取下掛在脖子上的跑鞋，套到腳上，穿好鞋帶。

老鼠不會過度分析局勢。

在老鼠看來，問題和答案都很簡單。C號乳酪站的情況變了，因此，嗅嗅和快快決定改變。

牠們兩個望著迷宮，然後，嗅嗅抬起鼻子嗅了嗅，向快快點了點頭。快快拔腿就在迷宮裡飛奔，嗅嗅跟在後面拚命追趕。

牠們很快就開始搜尋新的乳酪。

那天稍晚，哼哼和哈哈來到C號乳酪站。他們始終沒察覺每天在眼前上演的小變化，理所當然地認定他們的乳酪永遠都會在原地。

他們沒料到事態會發生變化。

「什麼！乳酪沒了？」哼哼扯開嗓門，嚷了又嚷：「乳酪沒了？乳酪沒了？」好像只要他喊得夠響亮，就會有人把乳酪放回來。

「誰搬走了我的乳酪？」他放聲嘶吼。

末了，他雙手扠腰，臉都脹紅了，以最大的音量吶喊：

「不公平！」

哈哈只是不敢置信地搖頭。他也一樣，以為絕對能在C號乳酪站找到乳酪。他錯愕地愣在原地，呆站了很久。他承受不了這種打擊。

哼哼繼續哇哇叫，但哈哈不想聽，他不要面對眼前的事實，索性把全世界封鎖在心房外。

小小人的行為既不討人喜歡，也無濟於事，卻是人之常情。尋找乳酪並不容易，對小小人來說，那比每天得到足以填飽肚皮的乳酪辛苦得多。

在小小人的想法中，得到乳酪是快樂的必要條件。但是乳酪對他們每個人的意義，卻因人而異。

有的人認為，得到乳酪指的是擁有物質的財富。有的人則認為是健康的身體或培養穩健的心靈。

對哈哈來說，乳酪不過是安全感，有朝一日建立美滿的家庭，住進巧達巷的舒適小屋。

對哼哼來說，乳酪則代表變成大人物，掌管別人，並且坐擁金

當哼哼和哈哈光想著
「誰搬走了我的乳酪？」時，
嗅嗅和快快早已出發，
開始尋找新乳酪。

銀畢乳酪山上的豪宅。

由於乳酪對他們很重要，這兩個小小人耗費了很長的時間，試圖決定對策。他們唯一想到的辦法，就是留在C號乳酪站繼續搜查，以確認乳酪是不是真的沒了。

嗅嗅和快快馬上另謀出路。哼哼和哈哈則繼續長吁短嘆。他們氣得要命，怨恨老天爺不公平。哈哈心情鬱悶起來，萬一明天乳酪還是沒有出現怎麼辦？他的未來計畫全都得靠這裡的乳酪才能實現欸！

小小人不敢置信。怎麼會發生這種事？又沒人警告過他們。天理何在，事情不應該是這樣的。

那天晚上，哼哼和哈哈餓著肚子回家，整個人都洩了氣。可是在他們臨走的時候，哈哈在牆壁上寫下：

乳酪對你越重要，
你越想抓住不放。

The More Important
Your Cheese Is To You
The More You Want
To Hold On To It.

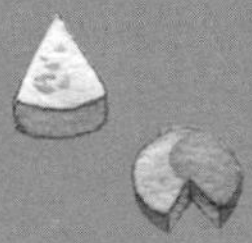

隔天，哼哼和哈哈離開家門，返回C號乳酪站。他們仍然認為：不管怎樣，這回可以找到**他們的**乳酪。

乳酪站還是老樣子，沒有乳酪。小小人不知所措。哼哼和哈哈只是站在那裡，像兩尊雕像一樣動都動不了。

哈哈使出全身力氣緊緊閉上眼睛，雙手捂在耳朵上。他只想把一切阻擋在外。他不想知道乳酪的供應量日漸減少。他相信乳酪是突然之間被搬走的。

哼哼將事情分析再分析，最後，他那副配備龐大信念系統的複雜腦袋，固定在一個想法上面，咄咄逼問：「老天為什麼要這樣對待我？這裡到底出了什麼問題？」

最後，哈哈睜開眼睛左右看看，說道：「對了，嗅嗅和快快呢？你想，牠們會不會曉得什麼我們不知道的內幕？」

哼哼嗤之以鼻。「牠們懂什麼？」

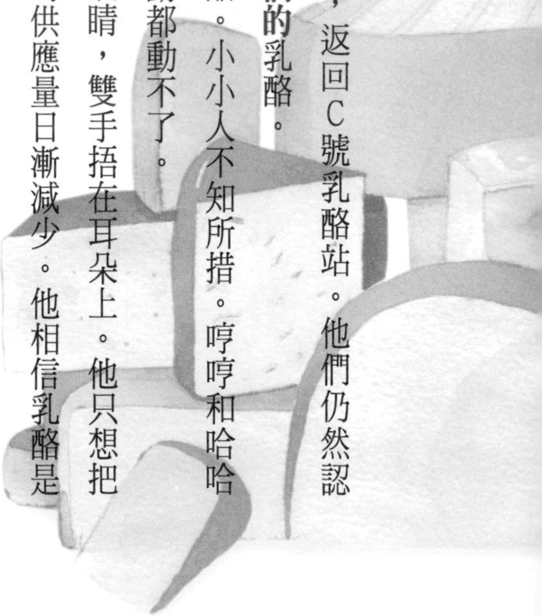

哼哼又說：「牠們只是老鼠，只曉得回應眼前的狀況。我們是小小人，腦筋比老鼠靈光。我們應該可以釐清真相。」

「我知道我們比較聰明，可是現在，我們的做法好像沒有比牠們聰明。這裡的情況已經變了，哼哼，也許我們也得跟著變，換個新的做法。」哈哈說。

「我們幹嘛改變？」哼哼問。「我們是小小人。我們是天之驕子，這種事不該發生在我們身上。假如真的遇到這種事，我們好歹也應該拿到賠償。」

「為什麼應該要有賠償？」哈哈問。

「因為那是我們的權利！」哼哼大聲說。

「什麼權利？」哈哈想一探究竟。

「我們對乳酪有專屬權。」

「為什麼？」哈哈問。

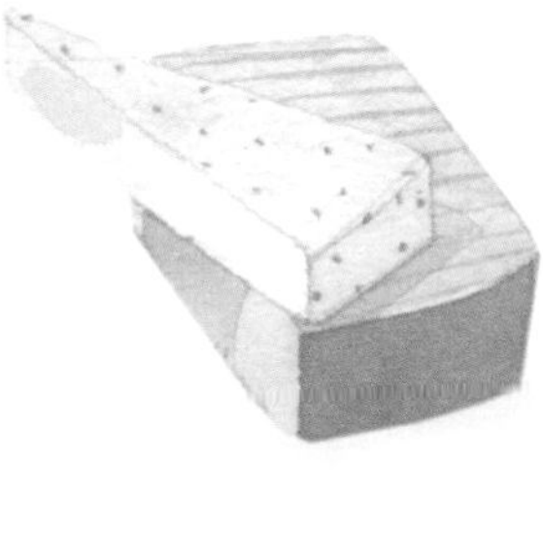

「因為，問題不是我們造成的。這是別人害的，別人應該賠我們才對。」哼哼說。

哈哈提議：「也許我們應該乾脆一點，別再分析個不停，開始去找新的乳酪？」

「我才不要。」哼哼反駁他。「我要追究到底。」

當哼哼和哈哈還在忙著思考如何是好時，嗅嗅和快快早已踏上了尋找的旅程。牠們更深入迷宮，在一條條的走廊中跑來跑去，在每一間找得到的乳酪站尋找乳酪。

牠們心無雜念，全神貫注地尋找新乳酪。

有好一會兒，牠們沒有半點斬獲，最後去了迷宮中牠們不曾涉足的區塊：N號乳酪站。

牠們開心地吱吱叫。牠們得到了尋尋覓覓的目標：大量供應的新乳酪！

牠們簡直不敢相信自己的眼睛。牠們一輩子沒見過那麼多的乳酪。

此時，哼哼和哈哈仍然待在C號乳酪站裡，評估自己的處境。現在，失去乳酪的痛苦開始影響他們了。他們氣餒又生氣，覺得碰到這種事都是對方的錯。

哈哈不時會想到他的老鼠朋友嗅嗅和快快，納悶牠們找到乳酪沒有。他相信牠們說不定正在飽受煎熬，在迷宮裡跑來跑去，通常多少都得面對未卜的前程。但他也明白，那種茫茫不知所終的情況可能一下子就結束了。

有時候，哈哈會想像嗅嗅和快快找到了新的乳酪，正在大快朵頤。他想像著假如他進入迷宮裡探險，找到了新鮮的新乳酪，該有多痛快。他簡直可以嚐到乳酪的滋味了。

迷宮裡潛藏的美味多得無法想像，
只要你越快放下舊有的想法，就能越早找到全新的機會！

找到新乳酪大吃一頓的想像畫面越鮮明，哈哈也就越可以想見自己離開了C號乳酪站。

「我們走吧！」他突如其來地大叫。

「不要。」哼哼立刻回應：「我喜歡這裡，這裡很舒服，我熟悉這個地方。再說，外面很危險。」

「哪會。」哈哈爭論：「我們以前也在迷宮裡跑過很多地方，現在可以再來一遍。」

「我年紀太大了，這把骨頭吃不消啦，我猜自己對迷路、做傻事沒興趣了。你呢？」哼哼說。

就這樣，哈哈對失敗的恐懼捲土重來，喪失了尋獲新乳酪的希望。

因此，每一天，小小人繼續維持原狀。他們回到C號乳酪站，沒找到乳酪，又打道回府，滿肚子擔憂和挫敗。

他們拚命拒絕接受事實，卻發現越來越難入睡，隔天精神更加不濟，動不動就發火。

他們的家不再像以前那樣舒適宜人。小小人失眠了，作起找不到乳酪的噩夢。

可是哼哼和哈哈照樣回到C號乳酪站，天天坐在那裡等著乳酪蹦出來。

哼哼說：「你知道嗎？如果我們更努力調查，就會發現事情其實沒什麼變化。乳酪八成就在附近，說不定他們只是把乳酪藏到了牆壁後面。」

第二天，哼哼和哈哈帶著工具回去。哼哼舉起鑿子，哈哈則用鐵鎚敲打牆壁，直到他們在C號乳酪站的牆上打出了一個洞。他們往洞裡看，可是裡面沒有乳酪。

他們大失所望，卻相信問題可以解決。因此，他們更早開工，延長工時，也更加賣命。他們忙了一陣子，牆上的洞越來越大，卻一無所獲。

哈哈開始明白，付出勞力未必會有收穫。

哼哼說：「也許我們應該坐下來，等著看情況會怎麼變化就好了。遲早有一天，他們會把乳酪搬回來。」

哈哈也很願意相信他。於是，每一天哈哈都回家休息，然後不甘願地跟著哼哼回到C號乳酪站，但乳酪始終沒有重新出現。

這時候，小小人因為飢餓和沉重的壓力，身體越來越虛弱。哈哈厭倦了光是坐著等待情況改觀。他開始了解，失去乳酪越久，他們的處境就越惡劣。

哈哈知道他們正在流失優勢。

最後，有一天，哈哈自我解嘲起來。「哈哈啊，哈哈哈，瞧瞧我們吧！我們日復一日做著一樣的事，卻懷疑情況為什麼沒有好轉。要不是我們實在太荒唐，這應該會更可笑的。」

其實哈哈不喜歡又得回到迷宮裡奔波的念頭，因為他知道自己會迷路，而且也不曉得哪裡才找得到乳酪。可是當他看出恐懼讓他淪落到了什麼程度，不得不哈哈笑起自己的愚蠢。

他問哼哼：「我們的跑鞋擺在哪裡？」他找了很久才找到鞋子，因為當他們找到C號乳酪站之後，就把行頭統統束之高閣，以為永遠都用不到了。

哼哼看著朋友換上跑步的裝束，他說：「難道你真的打算回到迷宮裡嗎？你怎麼不跟我一起坐在這裡，等他們把乳酪搬回來呢？」

「因為，就是等不到那一天啊！」哈哈說：「我本來也拒絕認清事實，但現在我看得很清楚，他們永遠不會把昨天的乳酪搬回來。該是出發尋找新乳酪的時候了。」

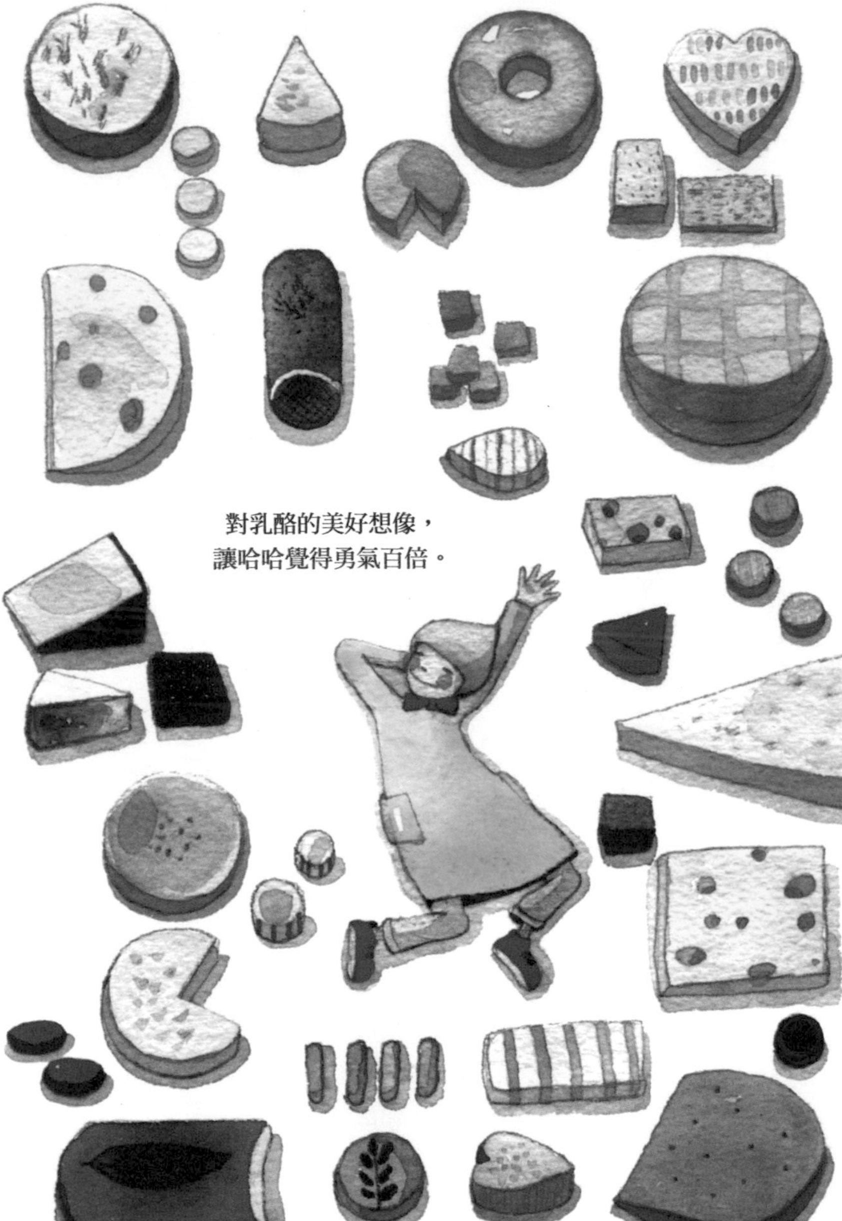
對乳酪的美好想像，
讓哈哈覺得勇氣百倍。

哼哼爭辯：「萬一外面都沒有乳酪了呢？就算真的有乳酪，萬一你沒找到呢？」

「不知道欸。」哈哈說。他問過自己這個問題太多遍，也再度感受到讓他一直卻步的恐懼。

他問自己：

「在哪裡找到乳酪的勝算大？是這裡？還是迷宮裡？」

他在心裡描繪一幅圖畫。他看到自己露出笑容，勇闖迷宮。

然而，沉浸在悲哀自憐中的哼哼卻無法體會。

想像中的畫面令他吃了一驚，卻也讓他士氣大振。他看到自己在迷宮裡不時迷路，卻依然充滿信心，相信總有一天會找到新的乳酪，得到伴隨乳酪而來的一切美好事物。他提起了勇氣。

然後，他想像自己找到了新的乳酪、吃得津津有味的畫面，畫面力求逼真，添上最寫實的細節。

他看到自己正在大嚼有洞洞的瑞士乳酪、鮮橙色的巧達乳酪和美國乳酪、義大利莫澤瑞拉乳酪、軟得很美味的法國金銀畢乳酪，還有……

然後他聽到哼哼在說話，這才意識到他們仍然在C號乳酪站。

哈哈說：「哼哼，有時候情況變了就是變了，不會再回到從前。看樣子這正是我們的處境。人生就是這樣！人生要向前看。我們也要識時務。」

哈哈看著消瘦的同伴，想跟他講道理，但哼哼的恐懼轉為憤

怒，聽不進去。

哈哈並不想對朋友失禮，卻忍不住被兩人的蠢樣逗得發笑。

哈哈準備啟程了，感到活力開始湧現。他知道自己終於可以自我解嘲，放下過去，向前邁進。

哈哈笑著宣佈：

「迷宮……探險……開始啦！」

哼哼沒有笑，理都不理他。

哈哈拾起了一塊尖銳的小石頭，在牆上寫了一句意義很嚴肅的話，留給哼哼自己思考。哈哈照著自己的習慣，甚至在標語周圍畫上乳酪，希望可以幫助哼哼露出笑容，心情愉快，然後也出發去找新的乳酪。可是哼哼不想看到新標語。

標語是：

不識時務，
搞不好會沒有活路。

If You Do Not
Change,
You Can Become
Extinct.

然後，哈哈探出頭，焦躁地看著迷宮。他回想著自己怎麼會淪落到沒有半塊乳酪。

他曾經認定迷宮裡可能根本沒有乳酪，即使有也未必找得到。諸如此類的恐懼信念令他不敢輕舉妄動，快要害死他了。

哈哈綻出笑容。他知道哼哼在想：「誰搬走了我的乳酪？」但哈哈想的是：「我怎麼沒有早一點動身，跟著乳酪跑？」

哈哈踏進了迷宮裡，回頭看看自己的來處，又勾起了愜意的回憶。他很想回到熟悉的環境裡——儘管他很久沒在那裡找到乳酪了。

哈哈的焦慮增加了，懷疑自己是否真的想要進迷宮闖蕩。他在面前的牆上寫下了一句話，盯著標語一會兒：

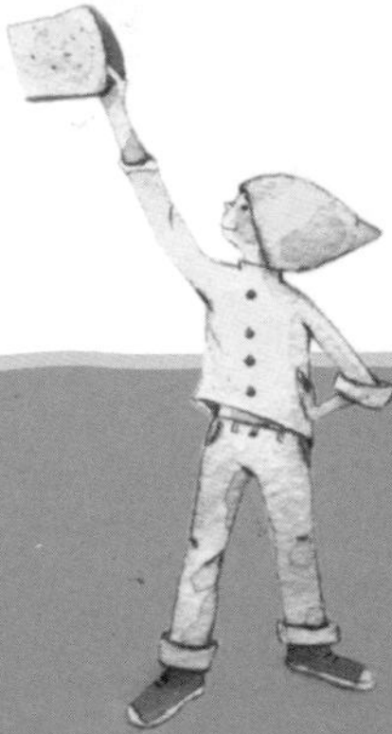

假如你不再害怕，你會怎麼做？

What Would You Do If You Weren't Afraid?

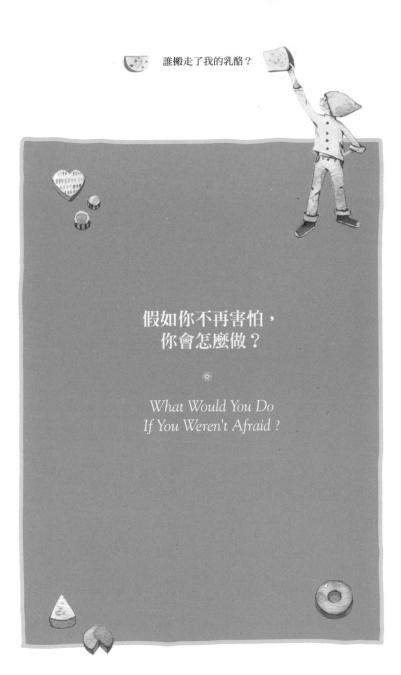

他沉思起來。

他知道，有時候有一點恐懼是好事。假如你擔心不做某些事會導致情況惡化，恐懼便會促使你採取行動。可是，當你怕到什麼都不敢，恐懼就不是好事。

哈哈看看右邊，他還沒去過迷宮的那一頭。他開始害怕。

然後，他深深吸一口氣，向右轉進入迷宮，慢慢地跑，前往未知的領域。

哈哈一邊找路，一邊擔心。剛開始，他怕自己在C號乳酪站枯耗了太久。他好久沒有吃乳酪了，身體很虛弱，因此在迷宮裡穿梭來去的時候，不但動作比平常慢，也更痛苦。

他下定決心，假如還有下次，就要踏出舒適區，早日回應變化。如此一來，問題會比較容易解決。

然後，哈哈露出有氣無力的微笑，因為他想到「採取行動，永遠不嫌遲」。

隨後幾天，哈哈在不少地方找到一些乳酪，但全都一下子就吃完了。他希望找到充足的乳酪，才能帶一些回去找哼哼，鼓舞哼哼重回迷宮。

可是哈哈的信心還不夠。他必須承認，他覺得迷宮讓人暈頭轉向，上次在迷宮闖蕩的時候好像不是這樣。

正當他以為自己有了進展時，卻察覺自己又在走廊裡迷路了。他似乎進兩步、退一步。回到迷宮搜尋乳酪的確是挑戰，但他也必須承認，情況根本沒有原先恐懼的那麼糟。

在迷宮裡待久了，他開始懷疑自己太不切實際，才會指望找到新的乳酪。他納悶自己是不是貪多嚼不爛，然後他笑了，醒悟到此時此刻，他根本沒東西可嚼。

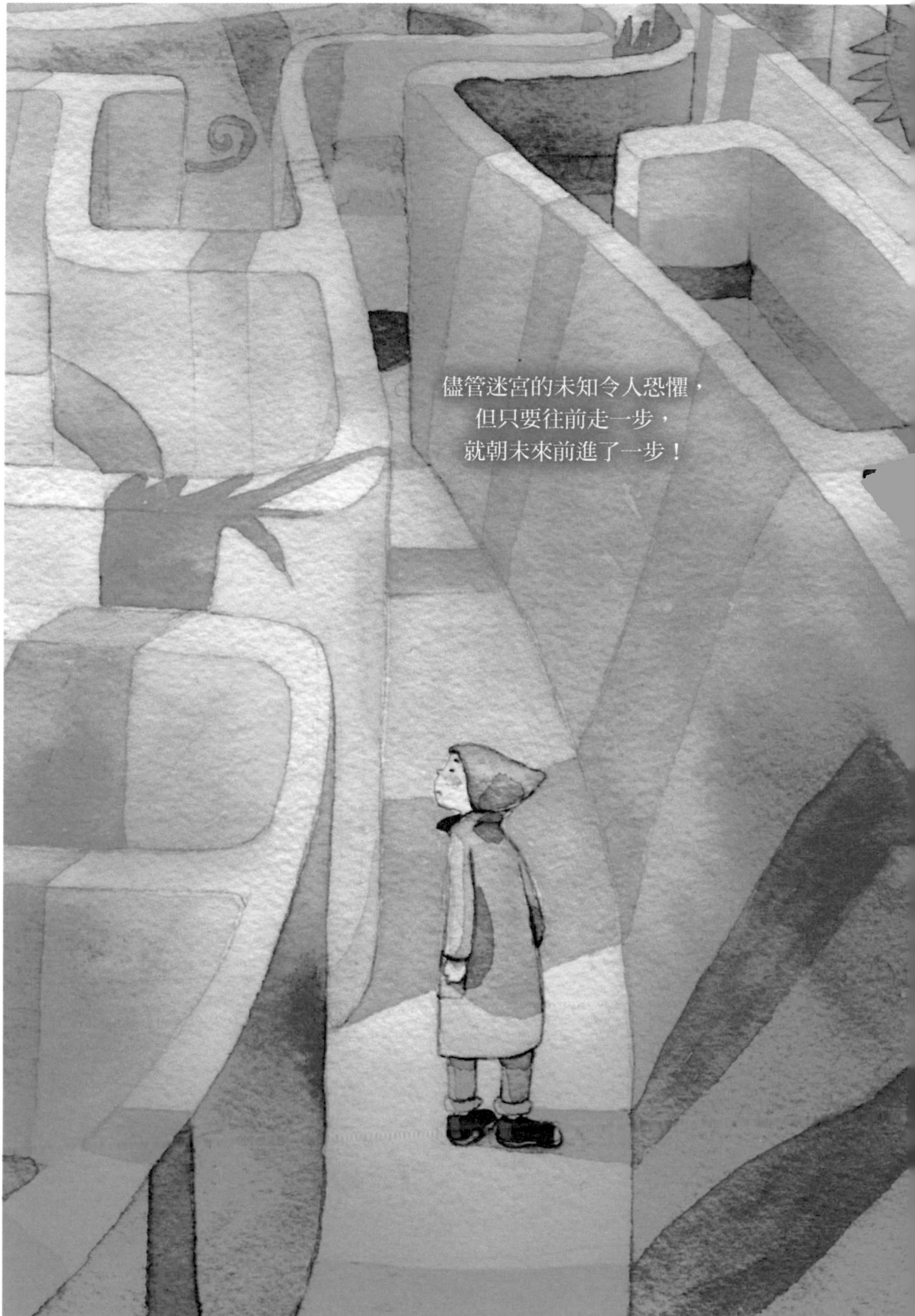
儘管迷宮的未知令人恐懼，
但只要往前走一步，
就朝未來前進了一步！

每回當他開始喪氣時，就提醒自己：儘管追尋的旅程在當下痛苦不堪，但總比得不到半點乳酪要強得多。他可是在開創未來，沒有任憑自己活受罪。

接著，他叮嚀自己，要是嗅嗅和快快可以向前看，他也辦得到！

後來，哈哈反省往日的種種，赫然明白C號乳酪站的乳酪並不是他以前想的那樣，在一夕之間消失了。在乳酪不見以前的那段日子，乳酪就越來越小塊，殘餘的乳酪不新鮮，風味也不如以前。

雖然他沒注意到，但說不定舊乳酪裡面已經發霉了呢！他必須承認，要是他肯面對現實，應該料得到乳酪會消失，但他以前就是不肯。

哈哈現在明白了，要是他關心過眼前的事實，要是他預料到局勢會轉變，當真的出事時，或許他就不會措手不及。或許，那正是嗅嗅和快快一貫的做法。

他決定從今以後要機警一點。他會預期變局降臨，留心變化的前兆。他要信賴自己對察覺變局即將降臨的基本直覺，做好因應的準備。

他停下來休息，在迷宮的牆壁上寫下：

不時嗅嗅你的乳酪，
才曉得它
是不是不新鮮了。

Smell The Cheese Often
So You Know
When It Is Getting Old.

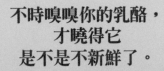

過了一段時間，哈哈好像很久都沒發現乳酪了，然後，他終於找到了一間很大的乳酪站，苦盡甘來的時候似乎到了。可是進去一看，他大失所望，這座乳酪站是空的。

「這種空虛的感覺，我太常碰到了。」

他想著，想要舉白旗了。

哈哈的體力在流失。他知道自己迷了路，而且很害怕會沒命。他考慮要不要掉頭返回C號乳酪站——假如他回得了那裡，而哼哼也還在的話，至少自己不會孤零零一個人。然後他又問自己相同的問題：「假如我不害怕，我會怎麼做？」

哈哈認為自己克服了恐懼，可是他感到害怕的時間長得他不想公然承認，即使只跟自己招認也很難。他不是一直都知道自己在怕什麼，可是，現在他身體變得虛弱，察覺自己純粹是恐懼一個人獨自前行。儘管哈哈自己不知道，但他被拖慢腳步，是因為種種出於恐懼的信念依然沉甸甸地壓著他。

哈哈心想不曉得哼哼是不是另謀出路了，或者仍舊被恐懼癱瘓。然後，他想起自己在迷宮裡表現最優異的時光，那是在他不斷前進的時候。

他在牆壁寫上了標語，心知那不但是叮嚀自己，同時也是留下標記，假如他的朋友哼哼來了，就可以照著標語做。

往新方向移動，
可以幫助你找到新乳酪。

*Movement In A
New Direction
Helps You Find
New Cheese.*

看著陰暗的通道，哈哈感受到自己的恐懼。前面有什麼？是虛空嗎？還是更糟糕，暗藏危險呢？他開始想像可能遇到的種種駭人情境，嚇得要死。

然後他開始笑自己。他察覺恐懼使他的處境變得淒慘，因此，他做了無畏無懼的時候會做的事，也就是朝著新方向前進。

他跑進黑漆漆的走廊，綻出笑容。哈哈還沒意識到自己發現了滋養靈魂的方法。他拋開了束縛，對未來保持信心，儘管他明白前途未卜。

站在人生的十字路口，
正好是思考新方向的大好時機。

哈哈越來越樂在其中，不禁訝異起來。

「感覺好棒啊！怎麼回事？」

他納悶著：

「我沒有半點乳酪，也不曉得自己在往哪裡走啊！」

沒多久，他便釐清了自己感覺很棒的原因。

他停下腳步，又在牆上寫字：

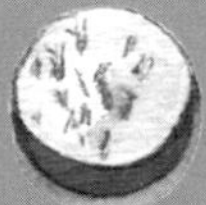

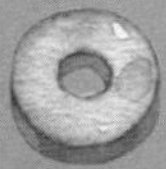

不再害怕的感覺棒透了！

When You Stop
Being Afraid,
You Feel Good !

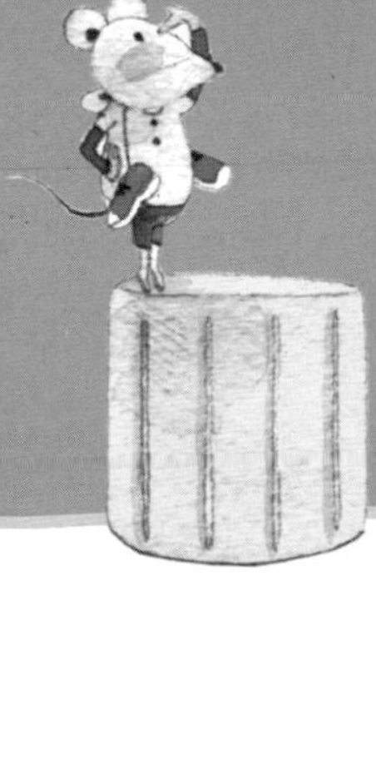

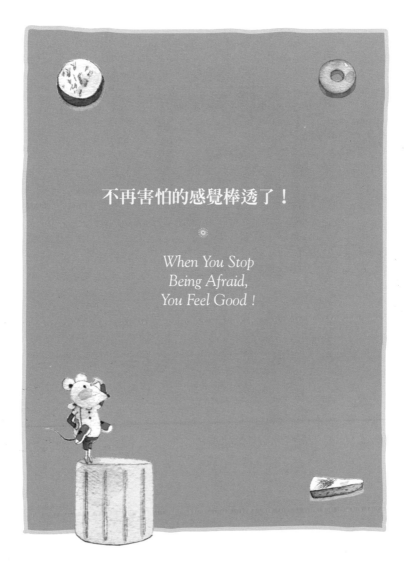

對未來的想像越清楚，
你就會變得越快樂、越有勇氣！

哈哈醒悟到自己一直被恐懼所綁架。往新的方向前進，讓他甩掉了束縛。

現在，他感受到迷宮中這一區的清風吹來，覺得心曠神怡。他深深吸了幾口氣，感到精神煥發。一旦擺脫了恐懼，追尋之旅就變得比他原先所預料的愉快。

哈哈好久都沒有這種感覺了。他幾乎忘了勇往直前是多麼有意思的事。

錦上添花的是，哈哈再次在心裡畫圖。他勾勒出細膩又逼真的畫面，想像自己喜愛的各種乳酪堆積如山，從巧達乳酪到布里乾酪統統都有，而他就坐在中間！他看見自己享用著許多心愛的乳酪，陶醉在幻想的畫面中。他想像著品味那些乳酪的美妙滋味，該有多麼開心。

哈哈越是清楚地看到自己享用新乳酪的畫面，那個畫面就越鮮活逼真而可信。

他感覺得到，找到乳酪已經指日可待了。

他寫下：

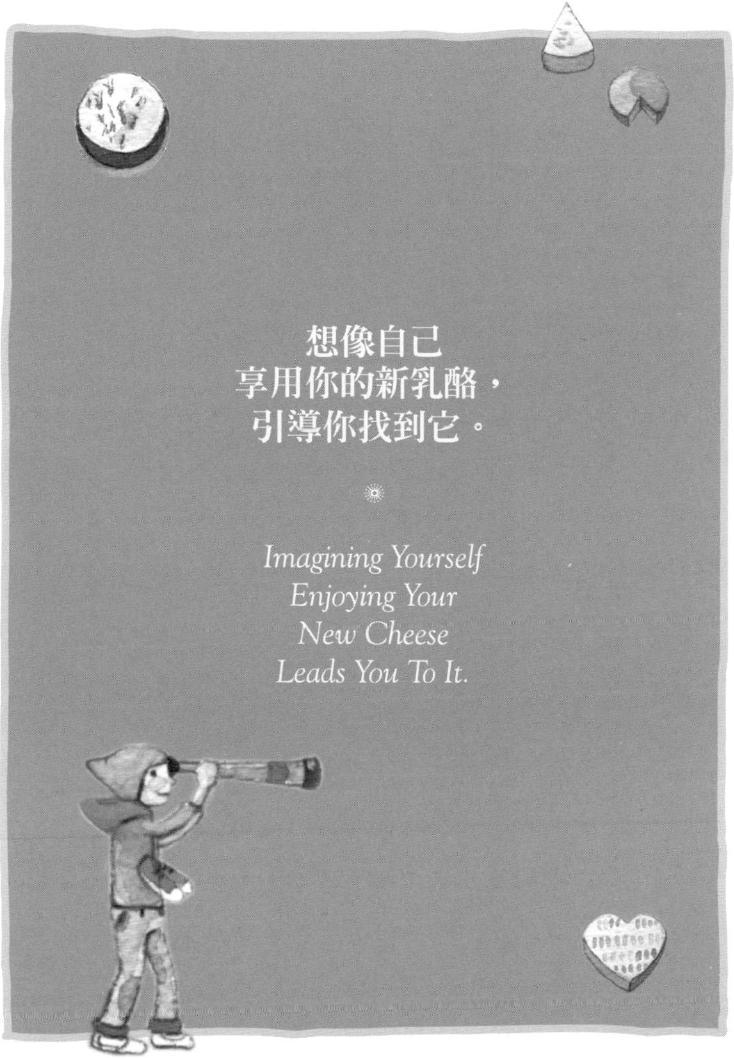

想像自己
享用你的新乳酪，
引導你找到它。

*Imagining Yourself
Enjoying Your
New Cheese
Leads You To It.*

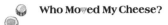

哈哈持續想著即將得到的收穫，不再回想失去的事物。

他思忖怎麼以前老是認定改變準沒好事。現在，他明白改變也可以是更上層樓。

「以前我怎麼不懂這個道理呢？」他問自己。

他在迷宮裡飛奔，腳步更有力，動作更靈活。沒多久，他瞥見了一座乳酪站，整個人興奮起來，因為他看到門口有些小塊的新乳酪。

他以前沒看過那些種類的乳

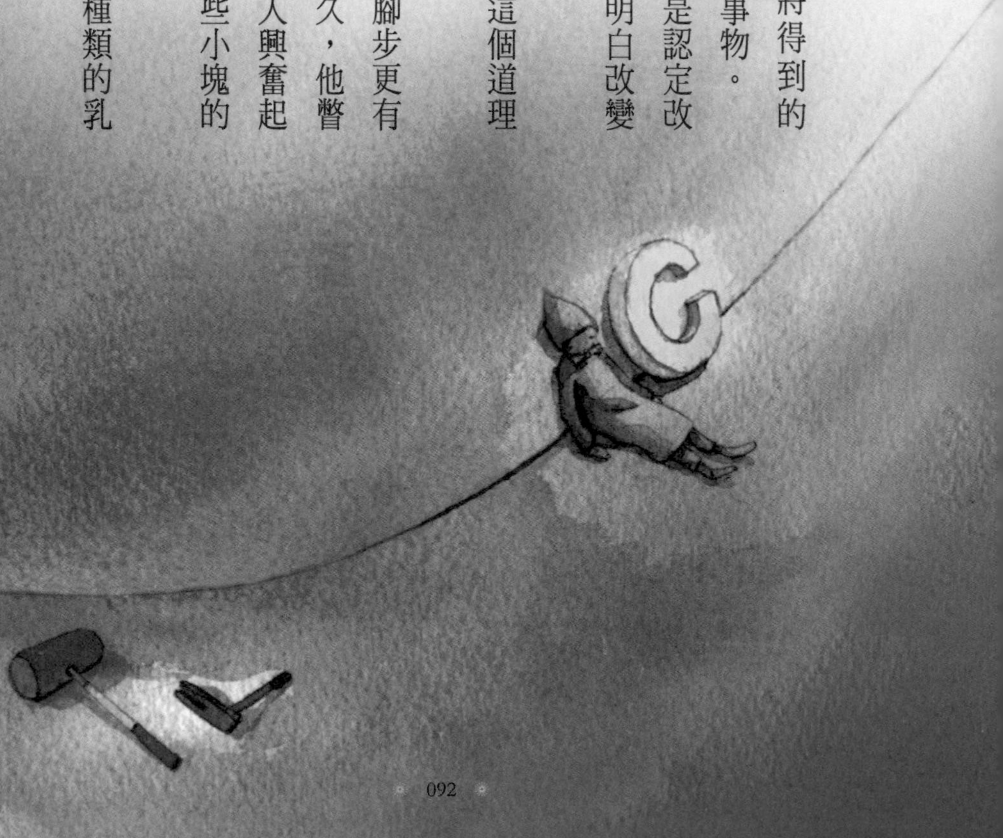

酪，可是看起來都很棒，試吃一口，果然美味。他吃了現場大部分的新乳酪碎塊，收了一些到口袋裡，準備晚點再打算，或許也可以拿回去跟哼哼共享。他的力氣開始恢復了。

他進入乳酪站，心情興奮不已，卻快快地發現裡面是空的。有人已經捷足先登了，只留下零星的新乳酪碎塊。

他意識到假如自己早點上路的話，很可能會在這裡找到大量的新乳酪。

哈哈決定掉頭，看哼哼是否準備好一起上路了。

他循著原路折返，中途停下來在牆壁寫下：

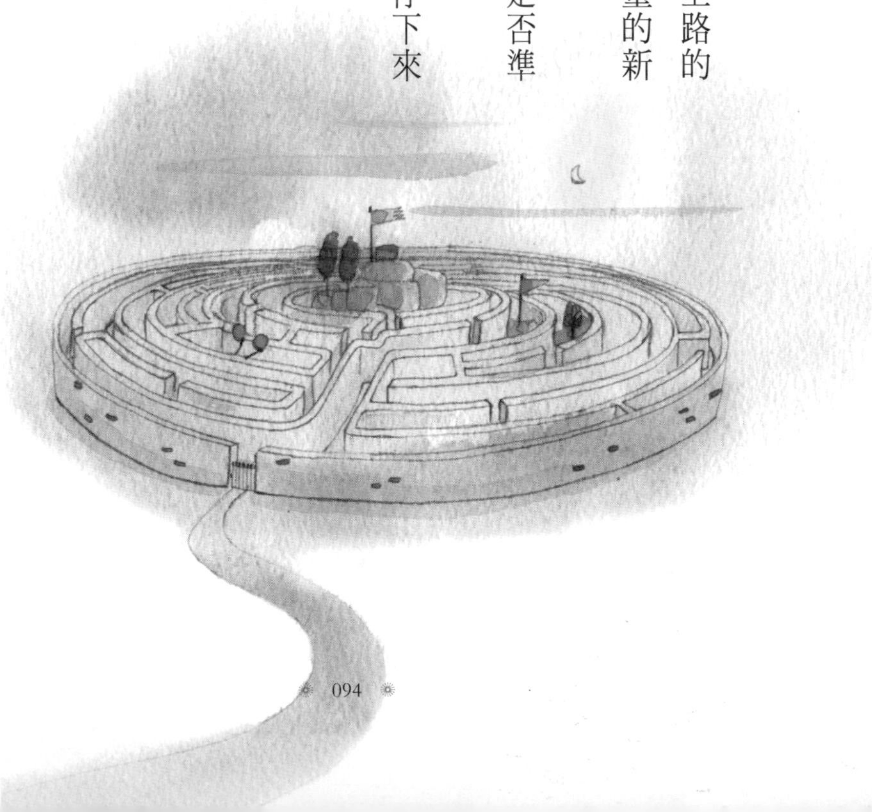

越快放下舊乳酪，
越早找到新乳酪。
The Quicker You Let Go
Of Old Cheese,
The Sooner You Find
New Cheese.

一會兒後，哈哈回到了C號乳酪站，見到哼哼。他請哼哼吃一些新乳酪，卻遭到拒絕。

哼哼感謝朋友的好意，但他說：「我應該不會喜歡新乳酪，這不是我吃慣的那一種。我只要**屬於我的**乳酪，我會堅持到底，直到如願以償。」

哈哈失望地搖搖頭，依依不捨地獨自上路。他穿越自己曾經走過的區塊，直到來到未知的領域前緣，一路上思念著朋友，但他察覺他喜歡自己的新領悟。即使他的希望成真，找到了豐沛的新乳酪，他也明白令他快樂的事，不單單是擁有乳酪而已。

當他不受到恐懼宰制時，就很快樂。他喜歡自己正在做的事。因為明白了這一點，哈哈不像守著空蕩蕩的C號乳酪站時那麼虛弱了。僅僅體認到他沒有被恐懼阻撓，明白自己採取了新方向，便滋養了他的身心，帶給他力量。

現在，他覺得尋獲自己需要的事物只是時間問題。事實上，他覺得已經找到他要的東西了。

他笑著明白了一件事：

在迷宮中尋尋覓覓，
比留在空空如也的
乳酪站安全。

It Is Safer To
Search In The Maze,
Than Remain In A
Cheeseless Situation.

哈哈再一次體認到先前的醒悟——你恐懼的事，永遠沒有想像中可怕。**縱容**心中的恐懼滋長，會使你把實際情況想得太嚴重。以前他總是很怕永遠找不到新乳酪，連找都不敢去找。可是展開旅程以後，他從各處走廊找來的乳酪，其實足以支撐他繼續追尋。現在他很期待自己找到新乳酪。光是向前看，也成為振奮人心的事。

他往日的思維被擔憂和恐懼所蒙蔽了。他以前常想著乳酪不夠多，覺得手上的乳酪撐得不夠久。他想的多半是壞事，不是好事。可是自從離開C號乳酪站以來，他漸漸轉了念。

他以前相信乳酪永遠不應該被搬走，改變是錯的。

現在他明白，不管你有沒有預料到，事情本來就會一變再變。唯有在你沒料到事情會生變、不留意局勢異動之前的跡象，你才會錯愕。

當他察覺到自己改變了信念，便停下來在牆上寫下：

舊信念不能帶你
找到新乳酪。

Old Beliefs
Do Not Lead You
To New Cheese.

哈哈還沒找到半塊乳酪，但他在迷宮裡一邊跑，一邊思索目前的心得。

哈哈現在察覺到，新信念促使他採取了新的做法。他的舉手投足，已經跟他一再返回同一座空蕩蕩的乳酪站時截然不同了。

哈哈知道，當你改變了信念，就會改變做法。

你可以認定改變會傷害你，然後抗拒改變。或者，你也可以相信尋找新的乳酪對你有好處，並擁抱改變。

一切全看你選擇要相信什麼。

他在牆上寫下：

當你明白你可以尋獲
並享用新乳酪，
你便會改變方向。

When You See That
You Can Find And
Enjoy New Cheese,
You Change Course.

哈哈明白了假如自己提早應變，提前離開C號乳酪站的話，現在的處境會好一點。不僅體力和精神都會比較充沛，要克服尋找新乳酪的挑戰也會容易些。事實上，要是他隨時做好因應轉變的準備，不浪費時間否認已成定局的變化，他現在八成已經找到了新乳酪。

他再度運用想像力，想像新乳酪已經到手了，而他正在好好品嘗。他決定進入迷宮裡比較陌生的區域，並且不時找到了一些小塊的乳酪。哈哈開始重拾力量和信心。

當他回想來處，很高興自己在很多牆壁上寫下了標語。他相信假如哪天哼哼決定離開C號乳酪站的話，那些標語可以充當指路明燈，讓哼哼遵循。

哈哈只希望哼哼會往正確的方向前進。他想像著哼哼看到牆上的字跡、找到路的機率。

他在牆上寫下已經思考了一段時間的想法：

及早留意小異動，
可以幫助你
順應即將降臨的大變化。

Noticing
Small Changes Early
Helps You Adapt To
The Bigger Changes
That Are To Come.

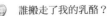

這時，哈哈已經放下了過去，適應現實。

他繼續在迷宮裡探索，元氣更充沛，身手更矯捷。過沒多久，他成功了！

正當他覺得好像已經在迷宮裡待了一輩子時，他的旅程——至少是眼前這一段旅程——忽然結束，有了圓滿的結果。

哈哈順著一條從沒見過的走廊挺進，拐了個彎，在N號乳酪站找到了新乳酪！

進去以後，他被眼前的景象嚇了一跳。四處都高高堆疊著乳酪，數量之龐大是他生平第一次看到。他沒法子認出所有的乳酪種類，有些是他不曾見過的。

他愣了一下，心想這到底是真的還是幻覺，然後就看到了老朋友嗅嗅和快快。

嗅嗅向哈哈點個頭，歡迎他來，快快則揮動腳掌。瞧牠們肥肥的小肚子，就知道牠們已經待在這裡一段時間了。

哈哈連忙打招呼，很快就啃咬起他心愛的乳酪，每種都不放過。他脫下跑鞋，將鞋帶繫在一起，掛到脖子上，以備不時之需。

嗅嗅和快快笑了，讚賞地點著頭，然後哈哈跳進了新乳酪裡面。填飽肚皮以後，他舉起一塊新鮮的乳酪向大家致敬：

「改變萬歲！」

哈哈大啖新乳酪，一邊回顧這段日子的心得。

他明白了當自己害怕改變，就形同死抱著早已消失的舊乳酪

雖然這趟探索之旅可能漫長而艱辛，
但是，你將為自己贏得最棒的禮物！

幻象。

是什麼引發了他的轉變？是害怕餓死的恐懼嗎？哈哈笑著想，擔心餓死確實協助了他轉變。

他笑著醒悟到當他學會了自嘲，對昔日的錯誤做法淡然處之，整個人便立刻開始轉變了。

他意識到改變自己最快的辦法，就是對自己的蠢行一笑置之——然後你就能放下過去，向前邁進。

他知道自己從老鼠朋友嗅嗅和快快身上，學到了向前邁進的有用觀念。

牠們讓生活保持單純，不會過度分析，也不會把事情看得太複雜。當情況轉變，乳酪被搬走時，牠們就改變自己，跟著乳酪轉移陣地。他會把這一點謹記在心。

哈哈也運用優秀的腦袋，做了小小人比老鼠在行的事。

他以栩栩如生的細節，預想自己找到了更美好的事物——美好很多的事物。

他反省以往的過錯，運用在規劃未來。他知道一個人可以學會因應變局。

他更深刻地體認到我們需要以簡馭繁，能屈能伸，快速採取行動。

用不著把事情複雜化，或者被恐懼的信念耍得團團轉。

你可以留心觀察是否出現了細小的轉變，未雨綢繆，就比較能夠應付可能降臨的巨大轉變。

他知道因應變化的手腳得俐落一點，若不及時應變的話，說不定會萬劫不復。

他必須承認，阻撓自己轉變最大的障礙，就是自己。除非你肯改變，否則情況不會好轉。

或許最重要的一點是，他明白了即使一時之間看不出來，但新的乳酪永遠存在。當你克服了恐懼，享受探索的過程，便能得到新乳酪的報償。

他知道有些恐懼可以讓人避開實際的危險，這是值得尊重的恐懼。但他明白自己的恐懼大半都不理性，使他拒絕作出必須的改變。

剛面臨變局時，他並不高興，但他明白變局促使他找到了更棒的乳酪，變局反倒成了好事一樁。

他甚至發掘出自己內心美好的一面。

哈哈回顧這一路以來的心得，想起了

只要拋下舊有的想法，
願意嘗試，
就會有無限可能。

朋友哼哼。他想著自己在C號乳酪站及迷宮各處都寫了好多標語，不曉得哼哼看過沒有。

哼哼決定放下過去、向前邁進了嗎？他是否進入了迷宮，發掘可以改善生活的事物了呢？

還是哼哼仍然不肯洗心革面，繼續唉聲嘆氣呢？

想想看

跟著哈哈一路走來，
你有什麼樣的心得呢？
拿出筆記本，
把心得寫在你自己的迷宮牆上吧！

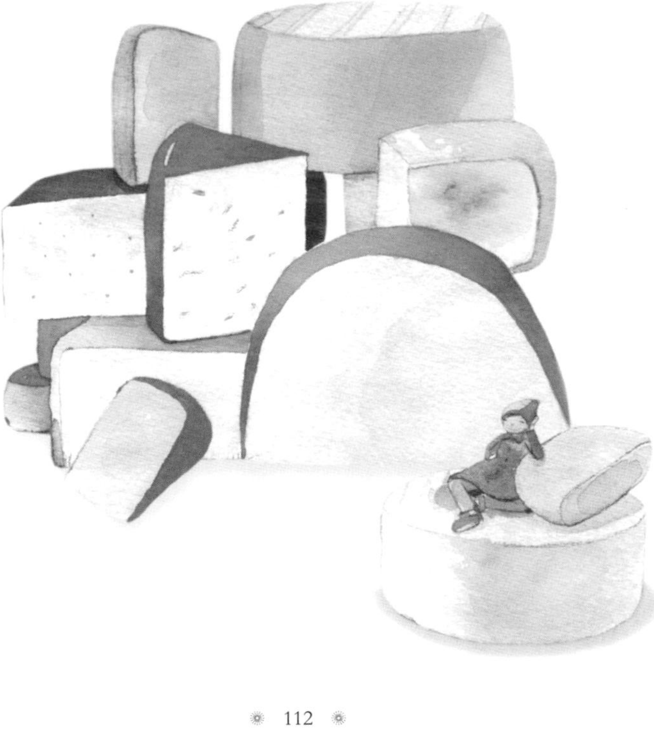

哈哈考慮要回去C號乳酪站，假如找到路的話，就可以看哼哼還在不在。如果他見到了哼哼，或許這回可以讓哼哼明白脫離困境的辦法。但哈哈想到自己之前就苦口婆心勸過朋友改變了。

哼哼必須自己走出來，不再眷戀以前的好日子，克服恐懼。沒有人可以代勞，沒有人勸得動他。他必須以自己的方式，體認到改變自己的益處。

哈哈知道沿途都有自己留下的標記，只要哼哼肯正視大難臨頭的處境，就可以自己找到方向。

他走到N號乳酪站最大的牆壁前，寫下所有的心得摘要。他畫了一大塊乳酪，將體認到的洞見全數囊括在內，然後笑著看自己的心得：

牆　上　的　標　語

世事變化無常

乳酪會一直被搬來搬去。

They Keep Moving The Cheese

認清世事無常

做好乳酪被搬走的準備。

Get Ready For The Cheese To Move

監督變化

不時嗅嗅你的乳酪，才曉得它是不是不新鮮了。

Smell The Cheese Often So You Know When It Is Getting Old

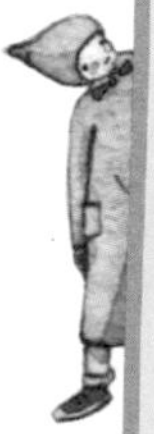

迅速因應變化

越快放下舊乳酪，越早找到新乳酪。

The Quicker You Let Go Of Old Cheese,
The Sooner You Can Enjoy New Cheese

改變自己

跟著乳酪跑。

Move With The Cheese

享受轉變！

品味探索的過程，享受新乳酪的滋味！

Savor The Adventure And Enjoy
The Taste Of New Cheese !

做好迅速改變自己的準備
並且一遍又一遍樂在其中

乳酪會一直被搬來搬去。

They Keep Moving The Cheese

哈哈意識到自從跟哼哼待在C號乳酪站以來，自己成長了很多，但他也明白假如日子過得太愜意了，老毛病很容易發作。因此，每一天他都檢查N號乳酪站，確認乳酪的狀況。他要竭盡所能，避免再被突如其來的變局殺得措手不及。

儘管乳酪仍然很充沛，但哈哈經常進入迷宮去探索新的區域，隨時掌握周遭的最新情況。他知道認清自己有哪些實際存在的選擇，會比把自己侷限在安樂窩裡安全。

哈哈覺得迷宮裡好像有什麼動靜。聲響越來越大，他意識到有人來了。

會不會是哼哼找來了呢？他就要轉彎了嗎？

哈哈連忙祈禱，複述那個祈禱過很多遍的願望，他希望也許這一次，他的朋友總算可以……

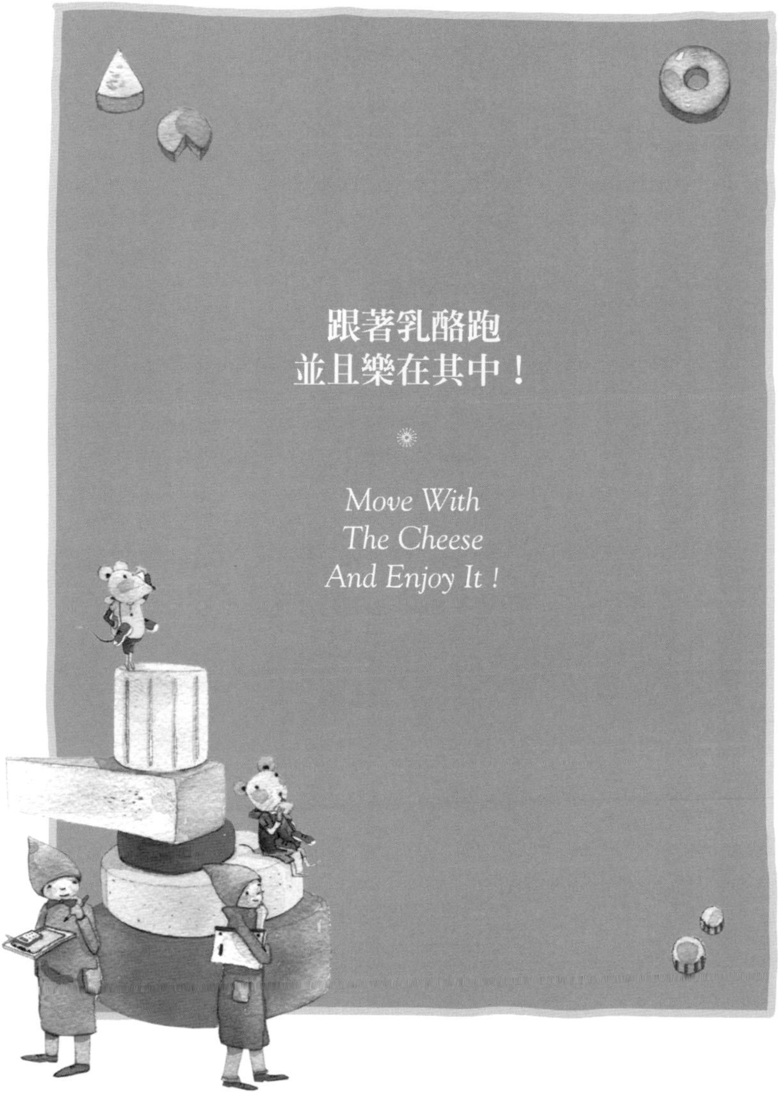

跟著乳酪跑
並且樂在其中！

Move With
The Cheese
And Enjoy It !

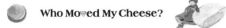

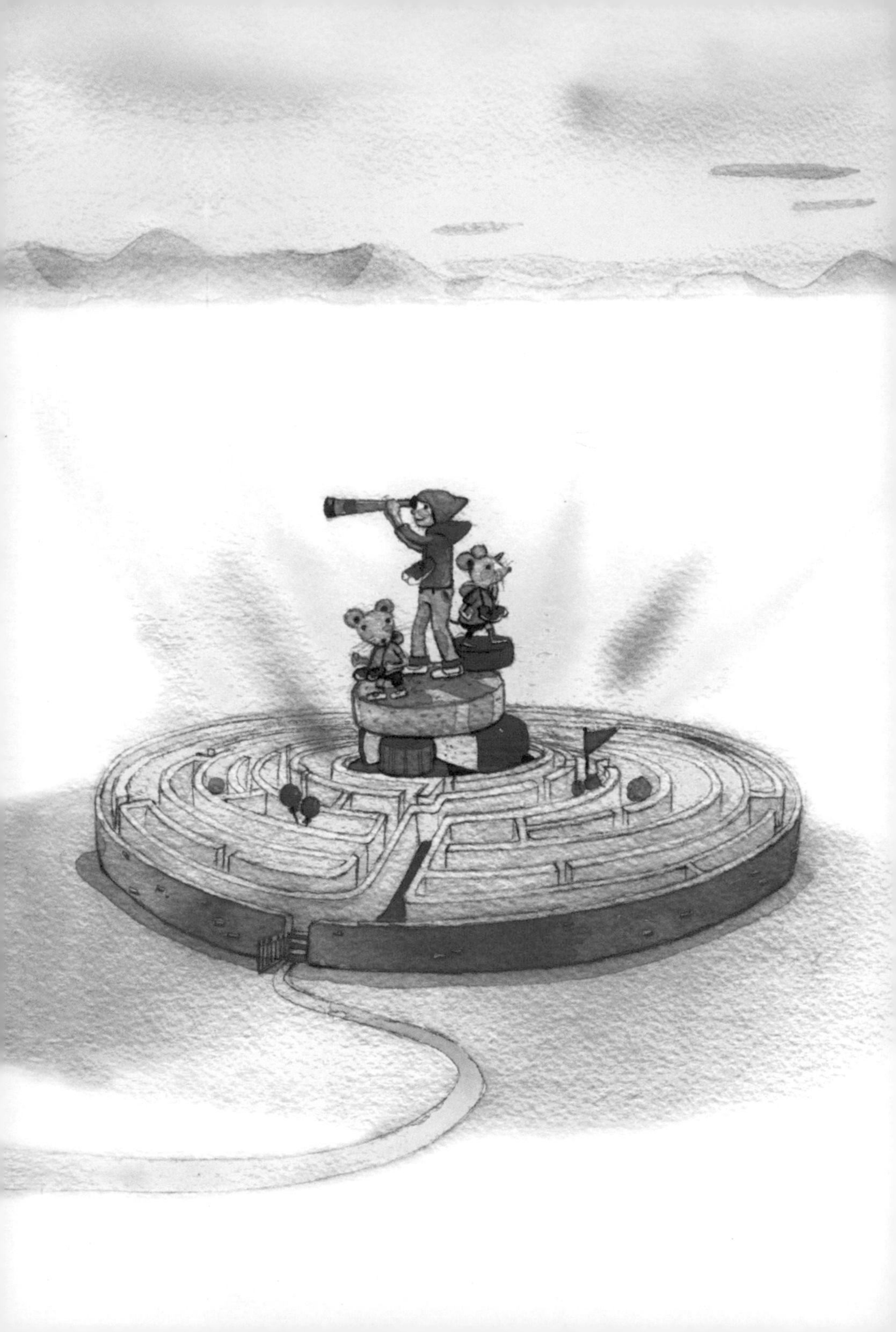

故事說完了……
或者，這是個新的開始？

～討論～

說完故事的那天傍晚

Later That Same Day

A Discussion

麥可說完故事後，環顧在座的老同學們，看到大家對著他微笑。

幾個人向他道謝，說這個故事給了他們很多啟示。

納森問大家：「我們晚點再碰頭，也許討論一下，大家覺得如何？」

大半的人都很樂於討論，於是約定在晚飯之前見面小酌。

那天傍晚，他們聚在飯店酒吧裡，開始大開找到「乳酪」的玩笑，想像著自己在迷宮裡。

然後，安琪拉親切地問：「大家是故事裡的哪個角色呢？嗅嗅、快快、哼哼，還是哈哈？」

卡洛斯回答：「我今天下午就在想了。在我開設運動器材公司之前，曾經遇到過很慘痛的變化，真是記憶猶新。

「我不是嗅嗅，我沒有嗅出苗頭不對，及早察覺變化。我更不是快快，我沒有立刻採取行動。

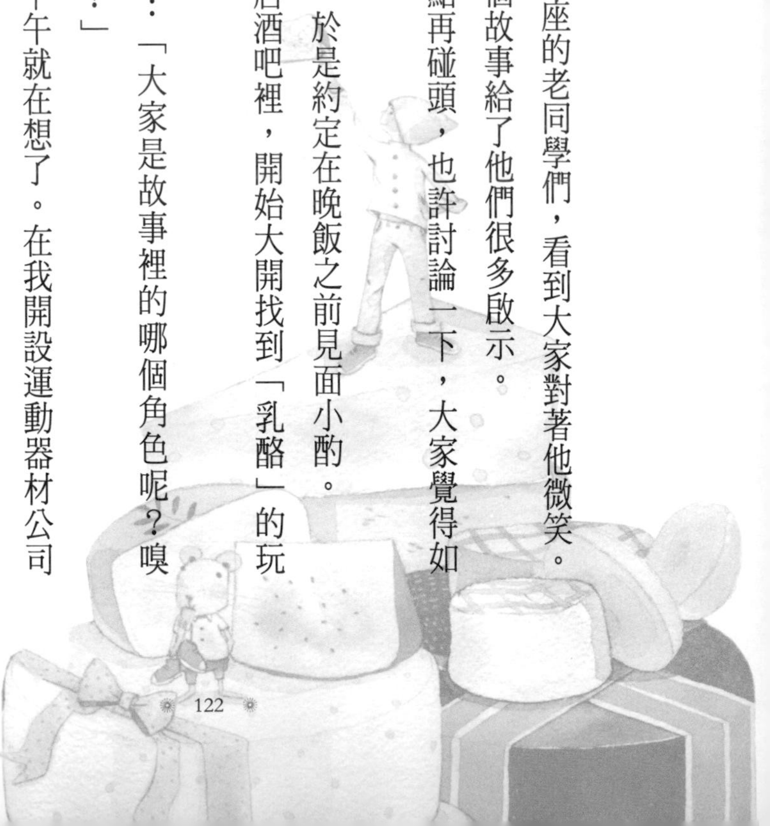

「我比較像哼哼，想要待在熟悉的領域裡。老實說，我不想回應改變，甚至不肯睜開眼睛認清事實。」

麥可覺得跟卡洛斯稱兄道弟的學生時代恍如昨日。他問：「兄弟，到底是什麼慘痛的變化？」

卡洛斯說：「出乎意料地轉換跑道。」

麥可哈哈一笑：「原來你丟了飯碗啊？」

「姑且說我不想出去找新乳酪吧！我自認實力雄厚，那種事應該輪不到我，所以那時候我沮喪得要命。」

之前在一邊安靜聆聽的人聽了他的話，現在自在起來，開始發言，包括當軍人的法蘭克。

法蘭克說：「哼哼讓我想到一個朋友，他的單位要被裁撤了，但他不肯面對現實。軍隊一直把他的部下調到別的單位去。我們一直跟他說，只要肯放下身段，連上還有很多職缺，但他覺得不用改變自己。他們單位解散的時候，只有他一個人很訝異。現在他調適得很辛苦，他以為自己的單位不會被裁撤的。」

潔西卡說：「我也以為自己不該碰到這種事，但我的『乳酪』被搬走不只一次，尤其是私生活方面，但這個晚點再聊。」

很多人都笑了，唯獨納森例外。

「也許這正是重點，我們每個人都會遇到變故。」納森說。他又說：「要是我們家的人早點聽到乳酪的故事就好了。可惜我們不想看見這一行的轉變，現在來不及了，我們必須關閉掉很多家門市。」

現場好幾個人大吃一驚，因為他們以為納森得天獨厚，能夠待在穩當的家族企業裡，年復一年安心無虞。

「怎麼了？」潔西卡想知道來龍去脈。

「大賣場進駐以後，他們庫存多、價格低，我們小型連鎖店一夕之間變成了老古董，根本不是對手。

「現在我知道我們不像嗅嗅和快快，我們跟哼哼一樣。我們硬是保持原樣，不肯改變。我們故意忽視市場的局勢，現在我們亮紅燈了。要是早知道的話，我們可以學一學哈哈，因為我們絕對沒辦法自我解嘲，改變我們的做法。」

蘿拉在商場上叱吒風雲，她全程細聽卻沒說過幾句話。現在她接口了：「我今天下午也想過這個故事。我在思考怎麼做才可以跟哈哈一樣認清錯誤，自我解嘲，改變做法，並且提升表現。」

她說：「我很好奇，在場有多少人害怕改變？」沒人回應，於是她提議：「可以舉手看看嗎？」

只有一隻手舉起來。「嘿，看樣子我們有一個老實的同學！」她說，然後又說：「也許換個容易一點的問法好了。這裡有多少人覺得其他人害怕改變？」幾乎每個人都舉手，大家都笑了出來。

「可見我們犯了什麼毛病？」

「否認。」納森回答。

「沒錯。」麥可承認說：「有時候，我們甚至不曉得自己在害怕。至少我以前就不知道。我第一次聽到這個故事時，就愛上了那個問題：『假如你不再害怕，你會怎麼做？』」

潔西卡又說：「嗯，我的感想是不管你走到哪裡，總會遇到變局，早點順應變化，對我只有好處。」

「我記得幾年前我們公司推銷百科全書，一套二十幾本。有人一直勸公司把整套百科全書燒成一張電腦光碟，售價可以壓低很多，以後更新內容也很省事，生產成本銳減，買得起的客人也會大幅增加。但我們一致反對。」

「你們幹嘛反對？」納森問。

「因為呢，我們當時認為公司是靠強大的業務團隊撐起來的。

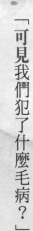

他們挨家挨戶推銷產品，要留住他們，就得讓他們推銷高價的百科全書，才有佣金給他們抽。我們長期以來都經營得有聲有色，以為成功會永遠持續下去。」

蘿拉說：「故事裡的哼哼和哈哈因為成功而自大，講的大概就是這回事。他們沒注意到以前行得通的做法，現在非改不可。」

納森說：「你們認為以前的乳酪是你們唯一的選項。」

「對，我們不想放手。

「回顧我們的經歷，我發現不但『乳酪會被搬走』，而且『乳酪』也有自己的生命週期，最後會消耗殆盡。

「總之，我們沒有改變。可是有一家競爭對手改出光碟，我們的業績便一落千丈。現在業界又面臨了重大的科技轉變，公司裡好像沒半個人有心應付。狀況不太妙，我大概很快就會失業了。」

「**迷宮探險**時間到了！」卡洛斯這一嚷，大家都笑了，包括潔西卡。

卡洛斯轉向潔西卡說：「自己笑自己，不錯喔！」

法蘭克回應：「這正是**我的**收穫。我常把自己的事看得太嚴肅了。我注意到當哈哈終於可以取笑自己與自己的所作所為時，他就脫胎換骨了。怪不得他的名字叫哈哈。」

大家因為這麼明顯的文字遊戲而哼了一聲。

安潔拉問：「你們想，哼哼最後會不會改變主意，找到新的乳酪？」

伊蓮說：「我覺得會。」

「我覺得不會。」柯里說：「有些人是萬年不變的，他們會付出代價。我當醫生看過很多哼哼那一型的人，他們覺得『乳酪』是他們的專利。乳酪被搬走以後，他們就覺得自己是受害者。這種人生起病來，病情會比願意放手、另謀出路的人嚴重。」

納森沉吟著說，活像在自言自語：「問題大概在於：『我們必須放手的是什麼？而要另謀出路，又是哪條出路？』」

好一會兒都沒人吭聲。

納森說：「我得承認，國內其他地方的同業所面臨的困境，我不是沒看過，卻希望我們家的連鎖店不會有事。我猜趁自己有能力的時候啟動改變，應該會比努力因應變化、調適自己容易得多。也許，我們應該搬走自己的乳酪。」

「怎麼說？」法蘭克問。

納森回答：「我忍不住要想，假如我們將旗下的老店面全部賣掉，用這筆錢興建一座大型的現代化賣場，我們公司今天會是什麼局面。」

蘿拉說：「或許哈哈在牆上寫下『品味探索的過程，享受新乳酪的滋味！』，就是這個意思。」

法蘭克說：「我想有些事不應該改變，例如我要維持我根本的價值觀。但我現在發現，要是我在人生路上老早就跟著『乳酪』跑，我的現況會更好。」

「麥可，這個小故事是很不錯。」班上的懷疑論者理察說：「但你怎麼實際應用到你的公司裡呢？」

這群老同學還不曉得理察正面臨一些變局。他剛剛跟妻子分居，正為了顧全事業與扶養青春期的子女而心力交瘁。

麥可回答：「這個嘛，我本來以為只要埋頭做事，把公司的日常問題處理好就算盡了本分，其實我真正該做的是向前看，留意公司營運的走向。

「老天，我真的拚命在處理那些問題，一天二十四小時不得閒。我變得很難相處。我疲於奔命，卻沒有脫身的辦法。」

蘿拉說：「你應該引導公司的大方向，卻忙著管理。」

麥可說：「正是如此。然後我聽說《誰搬走了我的乳酪？》的故事，醒悟到自己應該描繪出大家都想要追尋的『新乳酪』，讓大家樂於改變，事業更成功，人生更幸福。」

納森問：「那你在公司裡怎麼做呢？」

「我問同事他們是故事裡的哪個角色，而且我看出公司上下囊括了那四個角色。我看出嗅嗅們、快快們、哼哼們和哈哈們適合不同型態的工作。

「嗅嗅們可以嗅出市場上的變化，所以由他們協助更新公司的願景，並鼓勵他們判定如何善用這些市場變化，設計出客戶會買單的新產品和服務。嗅嗅們高興極了，跟公司反應說，能夠在順應潮流、即時應變的公司工作很過癮。

「快快們喜歡達成任務，所以鼓勵他們依據公司的新願景採取行動。公司只需要監督他們不衝錯方向就好。如果他們的行動替公司帶來了新乳酪，就獎勵他們。他們喜歡在重視行動和績效的公司上班。」

「哼哼們和哈哈們呢？」安潔拉問。

「可惜哼哼們是拖慢公司腳步的鐵鍊。」麥可回答：「他們要嘛日子過得太舒服，要嘛太害怕改變。有一些哼哼們從後來我們替公司描繪的理想願景裡，看出改變對他們有利，然後才肯跟著變。

「哈哈們則反應他們想在穩定的環境中工作，因此公司的改變必須讓他們覺得有道理，必須能夠增加他們的安全感。當他們明白抗拒改變其實很危險，有些人就會改變自己，表現得也不錯。了解公司的願景以後，很多哼哼就變成了哈哈。」

「你怎麼處置拒絕改變的哼哼們呢？」法蘭克很好奇。

「我們不得不請他們走路。」麥可哀傷地說：「我們希望留住所有的員工，但我們知道假如不盡快順應時勢的話，整個公司會完蛋。」

然後他說：「幸好，雖然哈哈們一開始採取觀望的態度，但他們的心胸夠開闊，容納得下新的觀點並改變行為，即時因應局勢，來協助公司成功。

「他們學會了期待變局，自動自發地留意改變的先兆。他們很了解人性，所以他們幫公司描繪的新乳酪很切合實際，幾乎每個人都能接受。

「他們跟我們說，他們想待在願意給員工信心、並提供改變工具的公司。在我們追求新乳酪的過程中，他們也幫助我們保持幽默感。」

理察評論：「這堆收穫全是從一個小故事來的？」

麥可微微一笑。「重點不在故事，而是我們怎樣依據自己的心得來改變**做法**。」

安潔拉招認：「我有點像哼哼，因此以我來說，最當頭棒喝的部分是哈哈取笑自己的恐懼，在心裡描繪圖畫，想像他看到自己在享受『新乳酪』。如此一來，進入迷宮就沒那麼可怕，變得比較愉快了。最後，他得到了更好的乳酪。我要多學學他。」

法蘭克咧嘴笑了。「原來連哼哼們偶爾也能看出改變的好處啊！」

卡洛斯大笑起來。「例如保住飯碗的好處。」

安潔拉補充：「甚至是油水多多的加薪。」

在討論中一直皺著眉的理察說：「我們經理老是跟我說公司需要改變，我想她其實是在暗示**我**得改變，可是我都聽不進去。問題大概是在我始終搞不懂，她打算帶領我們去找哪一塊『新乳酪』。我也看不出那對我有什麼好處。」

理察一邊說著，淡淡的笑意漸漸在臉上擴散。「我得承認，我喜歡看見『新乳酪』、想像自己在大快朵頤的做法，這樣未來好像光明多了。當你看出辛苦會有代價，就會有落實改變的興趣。

「也許我可以套用到私生活裡。」他又說：「我的孩子好像以為他們的生活應該永遠不變。我猜他們表現得像哼哼——他們很生氣。他們八成在擔心以後的日子會怎樣。也許我還沒替他們描繪出切合實際的『新乳酪』，也許是因為我看不出新乳酪在哪裡吧！」

大家都沉默下來，因為好幾個人在思索自己的生活。

潔西卡說：「嗯，在場大部分的人聊的是工作，但我聽故事的時候，也想到了私生活。我覺得我目前的感情是嚴重發霉的『舊乳酪』。」

柯里附和地笑起來。「我也是，我大概需要甩掉一段爛感情。」

安潔拉反駁：「或許『舊乳酪』只是舊的行為模式。我們真正需要放棄的是導致感情破裂的行為，改用良好的思考和行為模式。」

「哎喲！」柯里有了回應：「有道理，新乳酪是跟同一個人展開新的關係。」

理察說：「我開始覺得，這故事比我所想的有深度。我覺得放棄舊的行為模式、不放棄整段感情，是不錯的點子。重複相同的行為，只會給你相同的結果。

「以職場來說，與其換工作，也許我應該改變的是**執行**工作的方法。假如我改變自己，我現在十之八九已經升到更好的職位了。」

然後貝琪開口了。她住在另一個城市，特地回來參加同學會。

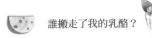

「聽了故事和大家的發言，我實在不得不笑自己。我做哼哼太久了，一直怨天尤人，害怕改變。沒想到這麼多人跟我一樣。恐怕我在不知不覺間也把這種觀念灌輸給小孩了。

「反省之後，我想，改變真的能引導你走到更好的地方，儘管在過程中你可會害怕到不了那裡。

「我記得我兒子高二的時候，因為我先生工作的關係，我們得從伊利諾搬家到佛蒙特，我兒子很沮喪，他不想離開朋友。他是游泳健將，偏偏佛蒙特的高中沒有游泳隊，所以他很氣我們逼他搬家。

「結果，他愛上佛蒙特的山區，學會了滑雪，大學時參加滑雪隊，現在他開開心心地住在科羅拉多。

「要是當年我們全家人一邊喝著熱巧克力，一邊討論這個乳酪故事，就可以減少很多調適的壓力了。」

潔西卡說：「我回家後要跟家人分享這個故事。我要問我的孩子，他們覺得我是嗅嗅、快快、哼哼還是哈哈，還要問他們覺得自己是誰。我們可以討論我們家的舊乳酪是什麼，新乳酪又會是什麼。」

「好點子。」理察說。大家都訝異不已，連他自己也是。

法蘭克接著評論：「我想我要效法哈哈，跟著乳酪跑，並且樂在其中！我要跟害怕離開軍隊的朋友們講這個故事，還有改變所可能帶來的好處，說不定會出現很有趣的討論。」

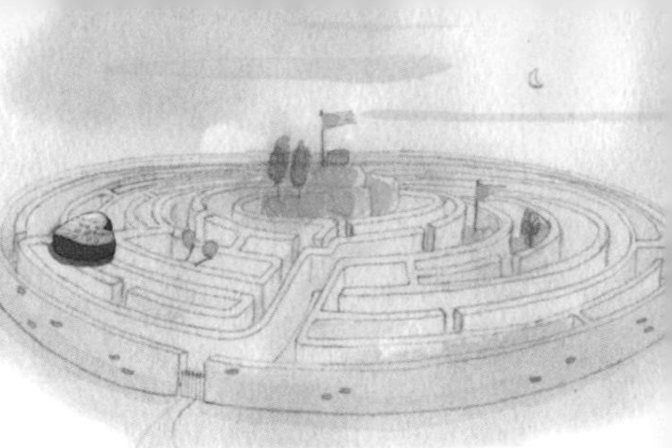

麥可說：「沒錯，那就是我們改善公司的方法。我們討論了好幾次聽完故事的心得，還有怎樣套用到我們的情況。

「那麼做的效果很棒，因為在討論公司應該如何處理變局的時候，我們有一套有趣的共通用語，討論起來事半功倍，尤其是改變越來越深入我們公司了。」

納森問：「你說『深入』是什麼意思？」

「我們越是著手改革公司，覺得自己權力受損的同事就越多，難怪他們會憂心忡忡，怕管理階層推行的改變對他們不利，才會抗拒到底。

「簡單來說，你推動一項改變，他們就反對一項。

「可是當整個公司的人都聽過乳酪的故事後，大家面對這些轉變，會比較願意改變心態。就算他們沒辦法對以往的恐懼哈哈大笑，至少也會露出微笑，願意迎接新的未來。

「要是我早點聽到乳酪的故事就好了。」麥可又說。

「怎麼講？」卡洛斯問。

「因為等到我們肯扭轉想法，面對現實時，我們公司的營運已經慘兮兮了，不得不裁員。我之前講過，被裁的人包括我的幾個好朋友。我們都很難過。儘管如此，留下來的員工跟被裁掉的大部分人都說，乳酪的故事幫助他們改變了看待事情的眼光，最後適應了轉變。

「不得不另謀高就的人說起初很困難，但是只要想想故事的內容，就很有幫助。」

安潔拉問：「對他們最有用的內容是什麼？」

麥可回答：「當他們克服了恐懼的情緒以後，告訴我，最棒的是他們明白新的乳酪就在外面，等著他們去發掘！

「他們說在心裡想像新的乳酪，想像自己在新的工作表現優異，讓他們心情變好，面試的**表現**也更理想。好幾個人找到了更棒的工作。」

蘿拉問：「那留在你們公司的人呢？」

「他們哪，」麥可說：「不再埋怨那些改變，開始說：『我們的乳酪被搬走了，我們去找新乳酪吧！』那省掉了很多時間，也減少了壓力。

「沒多久，本來心存抗拒的人也看出了改變的優點，甚至協助推動改變。」

柯里說：「你想他們為什麼會回心轉意？」

「他們改變，是因為公司裡的同儕壓力轉向了。」

柯里問：「以你們待過的公司來說，當公司高層宣佈要改變做法時，公司員工通常會怎樣反應？大部分的人會說改得好，還是會嫌棄那是餿主意呢？」

「餿主意。」法蘭克回答。

「對。」麥可同意道。「為什麼？」

卡洛斯說：「因為大家希望情況保持原狀，他們覺得改變準沒好事。當一個人說改變是爛主意時，其他人就會跟進。」

「對，他們未必真的有同感，可是他們都會附和，以免自己跟人家不一樣。就是這樣的同儕壓力，在各種組織裡抗拒改變。」麥可說。

貝琪問：「公司員工聽過乳酪的故事以後，有哪些轉變呢？」

麥可只說：「同儕壓力變了，沒人想當哼哼！」

大家都笑了。

「他們想要提前嗅出變局，於是連忙採取行動，不想遭到圍攻、被拋在背後。」

納森說：「一針見血！我們公司裡不會有人想當哼哼的，他們說不定甚至會願意改變呢！上次同學會你怎麼沒講這個故事？這故事派得上用場耶！」

麥可說：「確實是很有用。

「成效最大的做法，當然是讓組織裡的每位成員都知道這個故事，不管是大企業、小公司或是你的家庭都一樣，只有夠多的成員改變做法，一個組織才能真正脫胎換骨。」

麥可提出了最後的點子。「我們見證了故事的威力以後，接著就跟打算合作的對象分享這個故事，因為我們知道他們也在應付變局。我們告訴他們，我們可以是他們的『新乳酪』，變成共同追求成功的優質夥伴。這帶來了新的生意。」

這番話讓潔西卡冒出幾個靈感，讓她記起早上曾經接到幾通洽談預售計畫的電話。她看看手錶，說道：「好了，我該告別這座乳酪站，出發去找新乳酪了。」

大家笑了起來，開始道別。很多人想要繼續討論，卻沒辦法再待下去。他們離開時，再次向麥可道謝。

麥可說：「真的很高興你們覺得這個故事很有用。希望你們很快就有機會跟別人分享這個故事！」

國家圖書館出版品預行編目資料

誰搬走了我的乳酪?【全新翻譯精裝典藏版】
/ 史賓賽.強森(Spencer Johnson)著；謝佳真譯. --
初版. -- 臺北市：平安文化, 2012.01[民101].
面；公分. -- (平安叢書；第374種)(Upward；35)
譯自：Who moved my cheese? : an a-mazing way
to deal with change in your work and in your life
ISBN 978-957-803-809-7(精裝)

178.3　　　100021930

平安叢書第374種
UPWARD 035

誰搬走了我的乳酪？

Who Moved My Cheese?

作　　者—史賓賽·強森
譯　　者—謝佳真
發 行 人—平　雲
出版發行—平安文化有限公司
台北市敦化北路120巷50號
電話◎02-27168888
郵撥帳號◎18420815號
皇冠出版社(香港)有限公司
香港銅鑼灣道180號百樂商業中心
19字樓1903室
電話◎2529-1778　傳真◎2527-0904
外文編輯—洪芷郁
美術設計—王瓊瑤
印　　務—林佳燕
校　　對—邱薇靜·熊啟萍·丁慧瑋
著作完成日期—1998年
初版一刷日期—2012年01月
初版十八刷日期—2024年09月
法律顧問—王惠光律師

讀者服務傳真專線◎02-27150507
電腦編號◎425035
ISBN◎978-957-803-809-7
Printed in Taiwan
本書定價◎新台幣250元/港幣83元